BETTY EBNER

Das Universum in mir

LASS LOS, WAS DIR NICHT DIENT, UM DICH ENDLICH SELBST ZU LIEBEN

Für Emilia.
Und alle Generationen nach dir.

Inhalt

Vorwort

Hallo, du wunderschöne Seele. Ich freue mich so sehr, dass du dieses Buch in der Hand hältst. Ein Buch, das zu dir gefunden hat, weil du lernen darfst, dein eigenes Universum zu kreieren und dich selbst zu lieben. Dein Leben zu lieben. Selbstliebe – ein unglaublich großes und machtvolles Wort. Mit großer Sicherheit hast du davon schon einmal gehört, denn heute, hier und jetzt ist es so wichtig wie noch nie, dich mit dir selbst zu beschäftigen. Dich selbst kennenzulernen. Dich selbst zu akzeptieren. Dich selbst zu lieben. Dein eigenes Leben zu erschaffen.

Ich selbst war mit einundzwanzig Jahren an einem Punkt in meinem Leben, an dem ich verstanden habe, dass ich nicht mehr wegsehen kann. Dass es allerhöchste Zeit wird, der Person, die ich jeden Tag im Spiegel anschaue und dennoch nicht kenne, endlich die Aufmerksamkeit zu schenken, die sie nun mal verdient hat. Der Stimme in mir, die mir immer lauter und lauter negative Sachen wortwörtlich an den Kopf geknallt hat, endlich zuzuhören. Jedes noch so kleine Detail von mir zu inspizieren, hinter die Kulissen zu blicken, unter die Haut zu gehen, tiefer zu tauchen – in die tiefsten Tiefen meiner Seele. In mein inneres Universum. Es war der Punkt erreicht, an dem ich verstanden habe, dass ich mehr will. Mehr vom Leben. Mehr von mir selbst. Ich wollte endlich wirklich glücklich sein. Wahres Glück und wahre Zufriedenheit mit mir selbst und ganz alleine spüren, ohne jedes Wochenende meine Gefühle und Gedanken in Partys zu ertränken. Glücklich sein – mit mir ganz alleine. Mich in mir selbst zu Hause fühlen. Ein inneres Universum erschaffen. Das war es, wonach ich mich gesehnt habe. In diesem Buch zeige ich dir, wie du es schaffen kannst, dich wahrhaftig kennen- und lieben zu lernen und deine Ängste loszulassen. Ich schreibe dieses Buch, in der Hoffnung, dass auch du deine Einzigartigkeit kennenlernst.

Denn genau das bist du. Du bist einzigartig, und du darfst deine Einzigartigkeit entdecken. Du darfst ein Universum in dir erschaffen, indem du ganz alleine wohnst und dich absolut sicher fühlst. Es ist dein Geburtsrecht, glücklich zu sein. Es ist dein Geburtsrecht, du selbst zu sein. Es ist dein Geburtsrecht, wahre Fülle in jeder deiner Zellen zu spüren. Es ist dein Geburtsrecht, das Leben zu leben.

Ich freue mich, dich dabei begleiten zu dürfen! Und jetzt los, wir haben keine Zeit mehr zu verlieren …

Journalfragen

Nach jedem Unterkapitel bekommst du von mir einige Fragen, die du in diesem Buch beantworten darfst. Mach dir am besten die passende Playlist an und nimm dir Zeit, um sie zu beantworten. Diese Fragen dienen dazu, dich selbst in der Tiefe kennenzulernen und erste (Glaubens-)Muster zu erkennen.

Übungen: Zu bestimmten Kapiteln habe ich dir ebenso Übungen und Ideen für den Alltag eingebaut, damit du auch in der Praxis eine kleine Anleitung hast, die dich bei deiner Veränderung unterstützt. Es ist wichtig, diese Übungen immer wieder auszuführen und zu wiederholen, damit dein Inneres diese Übungen als neue Routine abspeichert.

Playlist: Zu jedem großen Abschnitt des Buches, also Vergangenheit, Gegenwart und Zukunft, findest du eine passende Songauswahl. Diese Lieder haben mich durch meine persönliche Entwicklung begleitet, mich bestärkt, getröstet und gehalten. Ich lege dir ans Herz, diese Lieder lautstark aufzudrehen und dazu so zu tanzen, wie du es fühlst. Du wirst sehen, wie befreiend das ist!

Einleitung

Als ich das erste Mal von Wörtern wie Selbstliebe, Manifestation, Universum, Selbstakzeptanz und inneres Kind gehört habe, wusste ich nicht so recht, was ich davon halten sollte. Sich selbst lieben – geht das überhaupt? Ist es möglich, dass man in den Spiegel sieht und sich liebt? Sich selbst wahrhaftig akzeptiert? Und was heißt das überhaupt, dass ich mein Leben selbst in der Hand habe? Ich konnte mir nicht vorstellen, mein Leben eigenständig verändern zu können. Unter Selbstliebe habe ich Arroganz verstanden. Für mich hat Selbstliebe immer bedeutet, dass man sich selbst über alle anderen stellt, und genau aus diesem Grund wollte ich zuerst gar nichts mit dem Thema zu tun haben. Ich wollte niemandem erzählen, dass ich mich mit Selbstliebe und persönlicher Entwicklung beschäftige, aus Angst, diese Menschen könnten glauben, ich würde denken, ich sei etwas Besseres als sie.

Doch warum habe ich das gedacht? Ich habe es gedacht, weil die Personen, die wahrhaftig zu sich selbst stehen und sich selbst lieben, etwas hatten, was ich nicht hatte. Es hat mich getriggert, darüber nachzudenken, dass es Menschen gibt, die das wirklich empfinden können – Liebe für sich und ihr Leben. Automatisch habe ich diese Menschen auf ein Treppchen gestellt, und gerade, weil ich sie dorthin gestellt habe, habe ich ihnen die Schuld an meiner wenigen Selbstachtung gegeben und automatisch gedacht, sie hielten sich für überlegen. Und dabei ist Selbstliebe genau das nicht. Selbstliebe bedeutet, jedes noch so kleinste Detail von sich selbst kennenzulernen und zu akzeptieren. Selbstliebe bedeutet, jeden Anteil, jede Faser, jeden Glaubenssatz, jedes Trauma, jeden Gedanken, jedes Gefühl, jede Angst, jede Geschichte als einen Teil von sich selbst anzusehen und als solchen zu akzeptieren. Selbstliebe bedeutet, radikal ehrlich zu sich selbst zu sein und zu akzeptieren, dass man gute und weniger gute Seiten an sich hat.

Und genau das war es, was mir so schwerfiel. Ich war so neidisch auf die Menschen, die alles an sich einfach akzeptieren konnten. Ich habe mir so sehr gewünscht, dass ich einfach akzeptieren kann, dass ich nun mal lauter als alle anderen bin. Dass ich unglaublich euphorisch werde, wenn ich etwas oder jemanden liebe, und dass diese Euphorie nichts Schlechtes oder Komisches ist. Dass ich eine etwas sportlichere Figur und somit größere Oberschenkel habe. Dass ich große Augen, dicke Lippen und kleine Ohren habe. Ich wünschte mir so sehr, jeden Anteil, den andere so sehr an mir belächelt haben, einfach lieben zu können. Und genau in diesem Moment merkte ich, dass die Vergangenheit für mich immer noch ein riesiges Thema war. Dass es mir so schwerfiel, zu vergessen, dass man mich in der Schule eine »Brillenschlange« und eine »Panzerlippe« genannt hatte. Zu vergessen, dass ich im Freibad von meiner angeblich besten Freundin ausgelacht wurde, weil sie plötzlich lieber mit den anderen Kindern aus der Klasse befreundet sein wollte als mit mir. Zu vergessen, dass jeder Lehrer und so viele Eltern immer gesagt hatten, ich sei viel zu viel, viel zu laut, viel zu aufgedreht, viel zu frech. An diesem Punkt habe ich gemerkt, dass ich mich selbst gar nicht lieben konnte, weil ich selbst all das glaubte, was mir jemand anderes irgendwann einmal über mich gesagt hat. Ich habe alles geglaubt, und was ich in diesem Moment erst richtig verstanden habe, war, dass ich mich selbst eigentlich überhaupt nicht kannte. Ich hatte keine Ahnung, wer die wahre Bettina eigentlich war. Ich wusste nicht, was meine Werte waren, ich wusste nicht, was mir im Leben wichtig war, weil ich nur daraus bestand, mich so zu geben, dass andere ein »gutes« Bild von mir hatten. In diesem Moment, an diesem Tag, als ich nun so in den Spiegel sah, ist mir aufgefallen, wie sehr ich eigentlich nur dahingelebt und mich in der Meinung von anderen verloren habe. Und dann merkte ich, dass ich dachte, dass das Leben nun mal so sei. Unfair, kalt, hart und schwer. Ein Überlebenskampf. Mühsam. Ernst. Ich wusste nicht, wozu ich auf der Welt war, wusste nicht, wer ich wirklich bin, geschweige denn wer ich wirklich sein wollte. Ja, all das war es, worauf ich also bei anderen, die sich selbst liebten, neidisch war. All das war es, was ich an anderen so gehasst habe, weil ich es selbst unbedingt haben wollte.

Es ist meistens so, dass die Menschen, über die wir schlecht denken, reden und herziehen etwas an sich haben, was wir uns so sehr wünschen. Menschen, die sich selbst lieben, hatten für mich damals alles, was mich neidisch werden ließ. Sie hatten sich selbst. Sie waren und sind alleine in ihrem eigenen Sein einfach glücklich. Sie brauchen niemanden an ihrer Seite, der ihnen beweist, wie sehr er sie doch liebt. Alle Menschen in ihrem Leben sind ein Bonus, aber aus dem einfachen Grund, dass sie für sich selbst bereits hundert Prozent vollständig sind. Als ich erkannt habe, dass es genau das ist, was ich mir so sehr wünschte, habe ich den ersten Schritt in Richtung Selbstliebe getan. Ich habe *erkannt*, dass ich mich eigentlich gar nicht selbst liebe. Ich habe erkannt, dass ich mich mit meinem Trauma identifiziere und dass ich alles glaube, was mir irgendwann jemand anderes über mich gesagt hat. Ich habe bis zu dem Zeitpunkt geglaubt, dass ich nicht liebenswert bin. Als kleines Kind war ich bereits immer sehr laut und habe gesprochen, wie mir der Mund gewachsen ist. Also quasi ununterbrochen. Ich war unbeliebt bei vielen Lehrern und Eltern, weil ich »viel zu viel« war. Mein Leben lang hat man mir gesagt, ich sei »zu viel«, »zu laut«, »zu überdreht«. Viele Menschen haben mich nicht gemocht, weil ich in ihren Augen das »Selbstbewusstsein« hatte, so viel zu sein, und das auch noch zu zeigen. Dass meine laute und aufmüpfige Art eigentlich nur ein Ruf nach Aufmerksamkeit war, haben die wenigsten verstanden und auch ich selbst jahrelang nicht. Je mehr ich von mir zeigte, desto eher haben mir die Menschen den Rücken gekehrt. Ich habe mir daher gedacht, dass ich so, wie ich bin, nicht liebenswert bin und dass ich mich verstecken und verbiegen muss.

Mir wurde sehr oft gesagt, dass ich ein Problemkind sei und es deshalb später im Leben schwer haben würde. Ich hätte mich dadurch fast von meinem Weg abbringen lassen. Aber eben nur *fast*. Ich habe meine aufgeschlossene Art mit der Zeit wiederentdeckt und aus all den negativen Kommentaren zu meinem Charakter eine »Jetzt erst recht«-Stärke entwickelt. Ich habe begonnen, mich kennenzulernen und alle Seiten von mir anzunehmen. Ich habe gelernt, mein Nervensystem zu regulieren, und ich habe gelernt, wann es nötig ist, mich anzupassen, und wann ich die wahre Bettina zeigen und sein kann. Durch die Aufarbeitung all dieser negativen Kommentare habe ich emotionale Intelligenz erlangt und mir mein ganz eigenes inneres Universum erschaffen. Wie ich das geschafft habe, werde ich dir in diesem Buch erzählen, aber beginnen wir beim Anfang. Beim Tag unserer Geburt, denn da beginnt die große Reise, die wir als Seele auf dieser Erde antreten.

Der Beginn einer großen Reise: Blick in deine Vergangenheit

Inner-Child-Healing-Playlist

- Dir gehört mein Herz – Phil Collins
- Breaking Free – High School Musical
- Inner Child – ELIH
- People Pleaser – Cat Burns
- One Time – Justin Bieber
- I Gotta Feeling – Black Eyed Peas
- Everyday – Troy and Gabriella
- How Far I'll go – Alessia Cara
- Life Is A Highway – Rascal Flatts
- The Climb – Miley Cyrus
- Zeige dich – Willemijn Verkaik
- You Will Be found – Sam Smith
- A-O-K – Tai Verdes

Wie unsere Kindheit unser inneres Universum formt

Wir alle kommen auf diese Welt und sind abhängig. Wow, was für ein toller Satz, um ein Buch zu beginnen. Aber zu Beginn dieses Buches und zu Beginn deiner Reise zu deinem inneren Universum ist es so wichtig für dich, dass du weißt, woher unsere emotionale Abhängigkeit kommt. Diese emotionale Abhängigkeit sorgt nämlich dafür, dass wir den Glauben an uns selbst verloren haben, und diesen Glauben gilt es, wiederzufinden. Du musst dir das so vorstellen: Wir kommen als kleine, hilflose Babys auf diese Welt. Wir können absolut nichts alleine machen und sind darauf angewiesen, dass die Menschen, die sich um uns kümmern, sich auch wirklich gut um uns kümmern. Wir sind also von Geburt an abhängig von unseren Erziehungsberechtigten und dem, was sie für uns tun. Sie geben uns zu essen. Sie sorgen für Wärme und Sicherheit. Sie sorgen dafür, dass wir uns geliebt fühlen und dass wir ein Zuhause haben. Sie sorgen dafür, dass all unsere Grundbedürfnisse gestillt sind und dass wir (über-)leben können.

Als Baby sind unsere Eltern beziehungsweise die Personen, die auf uns aufpassen und uns ihre Liebe schenken, unser Ein und Alles. Die positive Absicht unserer Eltern ist es, dass es uns gut geht, dass sie uns Sicherheit geben und dass wir ihre Liebe spüren. Es gibt aber ebenso weniger positive Dinge, die unsere Eltern, weil ihr Unterbewusstsein von ihren eigenen Eltern dementsprechend geformt wurde, tun. Zum Beispiel werden wir von Geburt an mit anderen Babys verglichen, und es ist wichtig, wann wir krabbeln, wann wir aufstehen und wann wir laufen lernen. Bei jedem Treffen unter Müttern wird darüber geredet, welches Baby bereits was kann, und Kinder spüren das genau. Von Geburt an sind wir ständigen Vergleichen ausgesetzt und das Leben wird uns als Wettbewerb gelehrt.

Bereits im Kindergarten müssen wir die ersten Fremdsprachen lernen, wir müssen Dinge erlernen, die »das System« so vorsieht, und uns wird beigebracht, dass wir still, brav und artig sein müssen, um geliebt zu werden. Brav zu sein bedeutet meistens, leise zu sein und die Dinge zu tun, die man uns sagt. Egal ob sie einen Sinn ergeben oder nicht. Zu laute Gefühlsausbrüche werden kaum akzeptiert. Wenn man zum Beispiel als Junge weint, ist man kein »anständiger« Junge mehr. Das wird uns meist so beigebracht, weil unsere Erziehungsberechtigten es nun mal von ihren Eltern, und die von deren Eltern, eben genau so gelernt haben.

Wir bekommen die Glaubenssätze unserer Urgroßmütter und Urgroßväter, welche sich durch Generationen ziehen, mit auf den Weg und lernen somit von klein auf, wie wir zu funktionieren haben, damit wir geliebt werden. Und geliebt werden ist alles, was wir als Kind wollen. Es ist unser Lebenssinn. Hier muss man dazusagen, dass das, was uns von unseren Eltern und Großeltern gelehrt wurde, aus Zeiten stammt, die mit heute kaum vergleichbar sind. (Deshalb sollte man auch grundsätzlich den Erziehungsstil, der immer noch auf den Erziehungsmethoden unserer Urgroßeltern beruht, überdenken.) Glaubenssätze sind innere Einstellungen, die wir selbst durch das, was wir lernen, hören, sehen und vor allem fühlen, entwickeln und als unseren Glauben annehmen. Haben unsere Eltern es beispielsweise nie gelernt, mit ihren Gefühlen umzugehen, weil sie ihre Gefühle zu Hause nie zeigen durften, werden wir für unsere Gefühle ausgeschimpft und lernen, dass wir, verbergen müssen, was wir wirklich fühlen und denken, um geliebt zu werden. Denn genau das wurde ja auch unseren Eltern so beigebracht. So kann zum Beispiel der Glaubenssatz »Ich darf meine wahren Gefühle nicht zeigen« in deinem Inneren entstehen, weil du ihn als Kind durch eine Situation, die sich mehrfach wiederholt hat, so angenommen hast. Wir müssen uns also verbiegen, um geliebt zu werden. Das ist das, was die meisten von uns in ihrer Kindheit gelernt haben. Und so werden aus Kindern, die nie zeigen durften, was sie wirklich fühlen, erwachsene Menschen, die ihre Gefühle immer noch nicht wahrhaftig kommunizieren können. Somit ist jede ihrer Beziehungen zum Scheitern verurteilt, weil ihnen die ehrliche Kommunikation nie beigebracht wurde.

Aus Kindern, die ständig mit anderen Kindern verglichen wurden, werden Erwachsene, die sich immer noch vergleichen und sich nie gut genug fühlen werden, weil ihre Gedanken immer darum kreisen, was ein anderer Mensch wohl von ihnen denkt. Aus Kindern, denen immer vorgeschrieben wurde, was sie zu tun und zu lassen haben, werden Erwachsene, die wahre Konflikte scheuen, aus Angst, man könnte ihnen als unabhängiger Erwachsener auch noch irgendetwas vorschreiben. Ist die Arbeitskollegin einmal schlecht gelaunt, suchen wir den Fehler sofort bei uns, weil wir gelernt haben, dass wir für die Gefühle unserer Mitmenschen verantwortlich sind, weil wir als Kinder nichts anderes machen als alles, was Erwachsene tun und sagen, auf uns zu beziehen. (Stichwort: »Gib der Oma ein Bussi, sonst ist die Oma traurig!«) Wir sind abhängig von unseren Erziehungsberechtigten und unserem Umfeld und glauben deshalb von Geburt an, dass sie alles, was sie tun, wegen uns tun.

Unsere Eltern sind unsere wahren Helden und alles, was sie tun und sagen, ist unglaublich wichtig für unsere Entwicklung. Sie sind für uns die einzigen Menschen, die uns wirklich dabei helfen können, in dieser neuen, lauten Welt zu überleben – natürlich sind sie unsere absoluten Helden! Als Baby kommen wir auf diese Welt, und unser Hirn ist zum Zeitpunkt der Geburt erst zu 10 Prozent entwickelt, daher sind die ersten Lebensjahre die prägendsten, und somit ist uns als Erwachsener oft gar nicht bewusst, dass wir tief verankerte (negative) Glaubenssätze und Weltanschauungen in uns tragen. Wir glauben, dass wir »nun mal so sind«, weil wir von klein auf nach den Vorstellungen unserer Eltern und der Gesellschaft geformt wurden. Und sich unser Leben dadurch geformt hat. Durch all das, was wir gelernt haben, haben wir Entscheidungen getroffen und Reaktionen gezeigt. Das hat unser Leben geformt.

Als Baby kennen wir beispielsweise keine Wertung. Wir kennen kein Gut oder Böse. Was Gut und Böse bedeutet, lernen wir individuell von unseren Eltern und nehmen es als unseren Glauben an. Wir nehmen ihren Glauben an, wir nehmen ihre Weltanschauungen an, wir nehmen ihre Werte an und wir nehmen ihre Glaubenssätze an. Die positiven sowie die negativen. Alles, was unsere Eltern sagen und tun, bleibt in unserem Gedächtnis und lässt uns die Welt auf eine bestimmte Art und Weise sehen. Wir werden geformt, so wie wir von unseren Eltern, Erziehern und Lehrern gewollt sind, und tanzen wir aus der Reihe, indem wir lautstark unsere Gefühle kommunizieren, sind wir »sonderbar«, »zu viel« oder haben ein »Aufmerksamkeitsproblem«. Aus Kindern, die immer wieder gesagt bekommen, dass sie »zu viel« sind, werden somit Erwachsene, die sich dieser Welt nicht angehörig fühlen und glauben, es könnte sie nie jemand so lieben, wie sie nun mal sind. Und so ist es mit jedem Bereich unseres Lebens.

Wir lernen zum Beispiel von klein auf, dass Menschen die viel Geld haben, hochnäsig sind oder dass sie irgendwelche krummen Geschäfte drehen. Somit bekommen wir automatisch eine schlechte Einstellung zu Geld und bewerten und beurteilen all jene, die viel Geld besitzen. Wir lernen über die Liebe in jedem Film, dass sie schmerzhaft sein muss. Dass irgendwann der Zeitpunkt kommt, an dem der eine dem anderen wehtut und dann nach einem großen Streit um den anderen kämpfen muss. Wir lernen, dass nur so die wahre Liebe aussieht, und hoffen, dass wir jemanden finden, der uns genau wie in den Filmen beweist, wie sehr er uns doch liebt. Doch eigentlich ist es viel wichtiger, uns selbst zu beweisen, wie sehr wir uns selbst lieben. Und wie liebenswürdig wir wirklich sind. Denn erst dann, wenn wir uns selbst lieben, können wir auch andere lieben. Das Liebe geben macht das Liebe empfangen überhaupt erst möglich.

Wie du merkst, ist es unumgänglich, dich damit auseinanderzusetzen, was du von klein auf von deinen Eltern gelernt hast. Um dich selbst mit all deinen positiven sowie negativen Seiten lieben zu lernen, ist es wichtig, dich selbst überhaupt erst einmal kennenzulernen und zu verstehen, welche Glaubenssätze und Weltanschauungen du in dir trägst. Du wurdest geformt und darfst nun beginnen, dich selbst zu formen! Denn genau das formt schlussendlich dein Leben.

JOURNALFRAGEN

1. Was waren typische Sätze, die dein Vater oder deine Mutter in deiner Kindheit immer wieder gesagt haben?

2. Was musstest du in deiner Kindheit tun, um die Liebe und Aufmerksamkeit von deinen Eltern zu bekommen?

3. Was hast du von deinen Eltern über die Liebe gelernt?

4. Welche Werte haben dir deine Eltern vermittelt?

5. Was haben deine Eltern von dir erwartet? Was war ihnen besonders wichtig?

Wer ist unser inneres Kind?

Dein inneres Kind ist ein Anteil von dir, den du dir wie eine jüngere Version von dir vorstellen kannst und der heute noch in dir lebt und oft zum Vorschein kommt. Diese kleine Version von dir trägt all die vergangenen positiven wie negativen Geschichten mit sich und wird von der Vergangenheit ähnelnden Situationen getriggert. Erlebst du also heute etwas, das dein inneres Kind in der Vergangenheit verletzt hat, kann es sein, dass du als Erwachsener in die Rolle deines inneren Kindes schlüpfst und aus ihm heraus reagierst. Bestimmt kennst du den Satz »Du verhältst dich wie ein Kind« – Genau das ist es, was wir in Streitsituationen und Situationen, die uns triggern, also bestimmte Muster in uns auslösen, tun. (Trigger = etwas, das eine Reaktion aus unsrem Inneren hervorruft.)

Als Kinder haben wir uns irgendwann, wenn uns etwas getriggert hat, bestimmte Schutzmechanismen angeeignet, um uns selbst zu schützen. Und entsteht heute eine Situation, die uns daran erinnert, dass wir uns so wie damals schützen müssen, um uns unser Überleben zu sichern, reagieren wir aus unserem inneren Kind-Anteil. Mal ist es eine Shoppingsucht, mal ist es krampfhafter Perfektionismus, mal ist es wegrennen, wenn es brenzlig wird, und bei manchen ist es das Streiten und verbale Attackieren, welches das eigene Überleben sichert. Grund dafür ist unser Eidechsengehirn, ein Teil unseres Gehirns, der sich bis heute nicht weiterentwickelt hat und immer noch dieselben Angstgefühle fühlt wie vor hundert Jahren. Vor hundert Jahren standen unsere Vorfahren jedoch vor ganz anderen Herausforderungen und hatten »berechtigte« Ängste. Das soll nicht heißen, dass unsere Ängste heute nicht berechtigt sind – jedes Gefühl hat ein Recht, da zu sein. Dennoch sind viele unserer Ängste heute unbegründet und nur noch durch Genetik in unserem System gespeichert.

Diese Schutzmechanismen, die wir also entwickeln, um unser Überleben zu sichern, nutzen wir als Erwachsener meist unterbewusst, denn unseren Alltag leben wir zu 95 Prozent aus unserem Unterbewusstsein heraus und nur zu fünf Prozent wirklich bewusst. Unser Unterbewusstsein kannst du dir wie die Festplatte eines Computers vorstellen. Auf dieser Festplatte ist alles aus unserer Vergangenheit gespeichert, und dadurch leben wir fast ausschließlich aus unserem Unterbewusstsein heraus, weil es nun mal alles ist, was wir kennen, und es uns ein sicheres Gefühl gibt. Es wäre ja auch wirklich mühsam, jeden Gedanken bewusst wahrzunehmen. Stell dir vor, dein Inneres würde dir die ganze Zeit mittels Gedanken zu verstehen geben, dass du jetzt einatmen und dann auch wieder ausatmen musst, um zu leben.

Jeden einzelnen Gedanken wahrzunehmen, würde uns Menschen wahnsinnig machen. Dinge und Gedanken, die also zur Gewohnheit geworden sind, haben sich in deinem Unterbewusstsein als Arbeitsabläufe auf einer Festplatte gespeichert, und dein Körper führt diese Arbeitsabläufe fleißig aus, um weiterhin zu überleben. Es ist also deine Gewohnheit, in jeder schwierigen Situation aus deiner Schutzstrategie heraus zu reagieren, denn du hast es dein Leben lang – bis heute, wo du dieses Buch liest – immer genauso gemacht. Dein Unterbewusstsein ist zu deiner Realität geworden. Du lebst deine ganz eigene Realität mit deiner ganz eigenen Schutzstrategie, deinen ganz eigenen Weltanschauungen, deinen ganz eigenen Glaubenssätzen und deiner ganz eigenen Vergangenheit, weil du sie dir selbst so entwickelt hast. Was die meisten Menschen daran hindert, etwas in ihrem Leben zu verändern, ist, dass sie nur mit dem Bewusstsein versuchen, die Veränderung herbeizuführen. Sie versuchen, sich bewusst selbst zu lieben, bewusst gesund zu ernähren und bewusst neue Entscheidungen zu treffen. Da wir aber unser Unterbewusstsein zu unserem inneren Universum und unserer äußeren Realität gemacht haben, ist es essenziell, dein Unterbewusstsein zu verstehen und zu verändern. Wenn du das verstehst, kannst du in dein Bewusstsein kommen und beginnen, bewusst zu leben.

Das klingt für dich jetzt vielleicht so, als müsstest du aufhören, dein inneres Kind zu verkörpern, aber das stimmt nicht so ganz. Unser inneres Kind hat positive wie negative Dinge erlebt, und daher gibt es in uns einen positiven inneren Kind-Anteil und einen »negativen« inneren Kind-Anteil. Dennoch musst du keinen von beiden loswerden, denn: Beide sind Anteile von uns. Sie gehören zu uns, weil die Erlebnisse, die sie geformt haben, zu uns gehören.

Wir verkörpern nur sehr oft den traurigen Anteil unseres inneren Kindes und schenken unserem fröhlichen Anteil zu wenig Aufmerksamkeit. Viele Menschen wollen ihre Kindheit verdrängen, doch wenn du versuchst, einen Anteil von dir zu verdrängen, wird die Stimme in deinem Kopf, die zu diesem Anteil gehört, immer lauter und lauter werden, denn alles, was unsere inneren Anteile wollen, ist gesehen und akzeptiert zu werden. Versuchst du also ständig, dein inneres Schattenkind (die traurige, »negative« Version des inneren Kindes) loszuwerden, weil du sie als etwas ansiehst, das dir nicht dient, wird dieser Anteil immer lauter rebellieren, bis du keine andere Wahl mehr hast, als dich der Stimme in deinem Kopf zu widmen. Alles, was dein inneres Kind also will, ist deine Aufmerksamkeit, und diese Aufmerksamkeit kannst du ihm schenken, indem du Dinge tust, die dich als Kind glücklich gemacht haben und indem du dich selbst aus Situationen abholst, die dein inneres Kind heute noch traurig machen.

JOURNALFRAGEN

1. Wenn du deine Augen schließt und dir dein inneres Kind vorstellst, wie sieht diese kleine Version von dir aus? Wie alt ist sie? In welcher Situation findest du sie wieder?

2. Was sind die frühesten Erinnerungen an deine Kindheit? Wie fühlen sich diese Erinnerungen heute für dich an?

3. Wie hast du in deiner Kindheit Glück und Freude verspürt? Was hat dir wirklich Spaß gemacht?

4. In welchen Situationen wurde dir als Erwachsener schon einmal gesagt, dass du dich wie ein Kind verhältst?

Jeder lebt seine eigene Realität

Wenn du deine Mama oder deinen Papa heute auf bestimmte Situationen in deiner Kindheit ansprechen würdest, würdest du schnell merken, dass jeder von uns eine andere Wahrnehmung hat. Jeder Mensch lebt seine ganz eigene Realität, weil jeder Mensch einzigartig ist. Stell dir einmal vor, du fährst mit drei deiner besten Freundinnen in den Urlaub. Ihr fahrt drei Tage nach Italien, besucht dort verschiedene Orte, probiert jede Eissorte, die ihr finden könnt, geht abends feiern und habt eine tolle Zeit. Ihr fahrt nach diesen drei Tagen nach Hause und jede von euch erzählt ihrem Partner von diesem Urlaub.

Du erzählst deinem Freund, wie lecker die Pizza in dem wunderschönen Restaurant am Meer war, deine andere Freundin erzählt ihrem Partner, wie unmöglich sie den Kellner fand, und die dritte Freundin beschwert sich über die Preise. Du hattest eine schöne Zeit in diesem Restaurant, deine Freundinnen haben aber etwas ganz anderes wahrgenommen und für sie war dieser Abend der am wenigsten schöne Abend des ganzen Urlaubs. Warum ist das so? Weil jede Einzelne von euch einen anderen Fokus und eine andere Wahrnehmung hat. Bist du zum Beispiel von Grund auf ein positiver Mensch und siehst in allem immer das Gute, wirst du in Situationen, in denen andere nur das Schlechte wahrnehmen, etwas Gutes wahrnehmen können. Obwohl ihr alle das exakt Gleiche erlebt habt, den exakt gleichen Flieger zur exakt gleichen Uhrzeit genommen habt, der Pizzateig bei allen Pizzen exakt der gleiche war und der Kellner euch alle gemeinsam bedient hat, hat jede etwas anderes wahrgenommen. Jeder Mensch lebt in seiner eigenen Realität, in seiner eigenen Wahrnehmung. Ich kann mich zum Beispiel noch genau an ein Erlebnis aus meiner Kindheit erinnern, bei dem meine Mama, mein Stiefpapa und ich zu Besuch bei meiner Tante waren. Meine Eltern haben sich über ein Thema unterhalten und ich habe ganz gespannt zugehört. Irgendwann wollte ich zu diesem Thema auch etwas sagen und habe zu sprechen begonnen. Im Augenwinkel sah ich, wie meine Mama meine Tante anlächelte und auf mich deutete. In diesem Moment habe ich aufgehört zu sprechen, weil ich mir dachte, meine Mama möchte sich über mich lustig machen.

Es hat mich sehr gekränkt und ich habe mich unglaublich geschämt. Von diesem Abend an habe ich immer verstärkt darauf geachtet, was ich sage und ob ich überhaupt »alt genug« bin, um an bestimmten Gesprächen teilzunehmen. Damals war ich zwölf Jahre alt, und bis vor einem Jahr habe ich mit meiner Mama nie mehr über diese Situation gesprochen, weil es mir peinlich und unangenehm war. Als ich während meiner Selbstheilungsphase mein inneres Kind kennengelernt habe, ist mir sofort wieder diese Situation in den Sinn gekommen. Ich habe verstanden, dass ich, weil wir als Kinder alles auf uns beziehen, diese Situation ganz anders wahrgenommen habe als meine Mama, und so habe ich letztes Jahr, nach über einem Jahrzehnt, endlich das Gespräch mit ihr gesucht. Ich habe sie gefragt, ob sie sich noch an diesen Abend erinnern konnte, und sie verneinte. Ich habe ihr bis ins Detail erzählt, was für mich an diesem Abend passiert ist und wie ich diese Deutung wahrgenommen habe, und sie hat mich sofort in den Arm genommen. Ihre Worte waren: »Bettina, ich würde dich niemals auslachen für etwas, das du sagst. Ich war sehr stolz auf dich, dass du so erwachsen an diesem Gespräch teilgenommen hast, und fand es süß, welche Worte du gewählt hast.« Genau diese Worte und die Umarmung waren das, was mein inneres Kind seit über zehn Jahren hören wollte.

Wir Menschen nehmen Situationen komplett unterschiedlich wahr, und was dein inneres Kind heute triggert, weil es Worte, Blicke und Gesten auf sich bezieht, entsteht durch das, was du als Kind bereits wahrgenommen und auf dich bezogen hast. Es ist wichtig, dein inneres Kind, welches in deinem Unterbewusstsein lebt, wahrzunehmen und zu verstehen, wie es welche Situationen erlebt hat. Denn durch diese Wahrnehmung sind innere Muster und Glaubenssätze entstanden, und diese wiederum formen dein Leben. Erst wenn du diese Wahrnehmung kennen- und verstehen lernst, kannst du sie verändern und ins Positive lenken. Du darfst verstehen, dass jeder Mensch auf dieser Welt ein Unterbewusstsein hat, aus welchem heraus er lebt. Somit hat jeder Mensch auf dieser Welt nicht nur ein einzigartiges Aussehen – jeder Mensch hat ein völlig einzigartiges Sein. Jeder Mensch nimmt Situationen, Farben, Gerüche, Gespräche und Dinge völlig anders wahr. Das zu akzeptieren ist einer der wichtigsten Schritte, um dich persönlich weiterzuentwickeln.

JOURNALFRAGEN

1. Bei welchen Themen hast du andere Meinungen als andere Menschen? Gibt es Situationen, die du anders wahrnimmst?

2. In welcher Situation aus deiner Vergangenheit hattest du eine andere Wahrnehmung als dein Gegenüber?

3. Welche Situation hat dich besonders verletzt? Hast du in dieser Situation eine andere Wahrnehmung als dein Gegenüber und wenn ja, gab es ein klärendes Gespräch?

4. Welche Persönlichkeitsmerkmale von anderen Menschen sind dir ein Dorn im Auge?

5. Welche Eigenschaften von anderen Personen würdest du dir für dich auch wünschen?

Die Aufgabe deines inneren Kindes

Dein inneres Kind möchte heute in der Gegenwart grundsätzlich dafür sorgen, dass es dir gut geht. Es hat seine bestimmten Schutzstrategien und Schemata deshalb, weil es sich über all die Jahre antrainiert hat, sich selbst sicher zu fühlen. Denn seitdem du so unglaublich schnell erwachsen werden musstest, hast du höchstwahrscheinlich eher weniger Dinge getan, die dich wirklich Kind bleiben lassen. Uns wird ja auch in der Schule und in der Arbeitswelt gelehrt, dass wir möglichst erwachsen sein müssen. Dass das Leben und die Arbeitswelt hart sind und dass wir dafür gewappnet sein müssen, verletzt zu werden.

So oft höre ich Erwachsene zu Kindern und Jugendlichen sagen, dass sie schon noch sehen werden, dass das Leben nicht so einfach ist, wie sie glauben. Dadurch verlieren wir unsere kindliche Verspieltheit und glauben, dass nur wir selbst uns irgendwie vor all dem Grauen, das sich angeblich in der Welt abspielt, beschützen können. Ich weiß, du denkst dir vielleicht nach den letzten Kapiteln, dass dein inneres Kind ein hindernder Anteil ist und dass du es loswerden musst, um endlich frei zu sein. Doch so ist das nicht. Die Stimme in deinem Kopf, die deinem inneren Kind gehört, möchte einzig und alleine, dass du sicher bist und dass alles immer sicher bleibt. Deshalb kann dein inneres Kind auch so schwer mit Veränderungen umgehen, denn alles, was es kennt, ist das, was es seit Jahren macht. Das ist alles, was ihm wirklich die Sicherheit gibt, überleben zu können. Möchtest du also heute aus deiner Komfortzone austreten, kann es sein, dass dein gesamtes inneres Team (ja, wir haben mehrere Anteile in uns) laut aufschreit und sich gegen diese Veränderung sträubt. Dein gesamtes inneres Team fühlt sich unsicher und bedroht, und genau, wenn diese Gefühle von Angst, Unsicherheit und Bedrohung erscheinen, kommt dein Eidechsengehirn zum Einsatz, und alles schreit nach Angriff, Flucht oder Starre, weil das das Einzige ist, was dein System jemals gelernt hat.

Angriff, Flucht und Starre nennt man übrigens die drei Bewältigungsstile, und diese drei Bewältigungsstile helfen uns dabei, wie der Name bereits aussagt, große Gefühle und herausfordernde Situationen zu bewältigen.

Wird also zum Beispiel ein grundlegendes Bedürfnis von dir nicht erfüllt und dein inneres Team wird herausgefordert, dich zu beschützen, kommt meist einer der drei Bewältigungsstile zum Einsatz. Eines der großen Bedürfnisse, die in meiner Kindheit gestillt wurde, war zum Beispiel mein Grundbedürfnis nach Autonomie. Ich durfte grundsätzlich alles ausprobieren und hatte somit auch wenig Angst vor Herausforderungen. Dadurch, dass ich aber so viel Autonomie – also Freiheit – hatte, alles auszuprobieren, und mein Leben dem Motto »hinfallen, aufstehen und weitergehen« glich, habe ich für mich selbst das Schema entwickelt, alles zu kontrollieren. Ich war der Herrscher über mein Leben und somit wollte ich auch immer die Kontrolle über jeden einzelnen Aspekt davon haben. Ich habe mir als Kind angeeignet, alles alleine zu machen, und irgendwann hat sich genau durch die Überkompensation meines Schemas eine für mich heute negative Schutzstrategie ergeben. Ich habe aufgehört, um Hilfe zu fragen, weil es sich für mich irgendwann nach Schwäche angefühlt hat. Mein Leben lang haben all die Personen in meinem Leben immer Sätze gesagt wie »Die Bettina schafft das schon, die Bettina macht das schon«, und genau dadurch habe ich mir das Selbstbild einer Person erschaffen, die immer alles alleine schaffen muss.

Das Gegenteil des Grundbedürfnisses nach Autonomie ist das Grundbedürfnis nach Bindung, welches also umso weniger in meinem Leben gestillt wurde, und heute als Erwachsener sehne ich mich nach nichts mehr als nach Zweisamkeit und Bindung. Als ich meinen heutigen Mann kennengelernt habe, war ich mir dessen noch nicht bewusst, und er hat mich als starke Bettina kennengelernt, die absolut nichts erschüttern konnte. Dieses Bild von mir selbst aufrechtzuerhalten war übrigens extrem anstrengend. Und so kam es zu Situationen in unserer Beziehung, in denen ich unterbewusst um Bindung gekämpft habe und nichts mehr wollte, als dass mein Mann mir seine Liebe und Zuneigung schenkt.

Das Komplexe daran war aber, dass ich es ihm nicht sagen konnte, weil es für mich war, als würde ich ihm sagen, dass ich »ihn brauche«, und genau das wollte ich aufgrund meines Selbstbilds und der negativen Glaubenssätze, die sich in mir verankert hatten, auf Biegen und Brechen vermeiden. Ich wollte nicht, dass jemand sieht, dass ich jemanden oder etwas »brauche«. Und somit haben sich die kleinsten Situationen zu so großen Diskussionen entwickelt, dass mein inneres System getriggert wurde und als Selbstschutz den Bewältigungsstil Angriff genutzt hat. Ich bin also in meiner Beziehung, weil ich das Grundbedürfnis nach Bindung gestillt bekommen wollte, was nicht passiert ist, weil ich es durch bestimmte Glaubenssätze nicht kommunizieren konnte, laut geworden und habe meinem Partner alle möglichen Dinge an den Kopf geworfen, um mich irgendwie zu schützen. Wenn mein Partner früher Sätze gesagt hat wie »Dann musst du mich halt fragen« oder »Dann musst du mir halt erzählen, wie es in dir aussieht«, bin ich wortwörtlich an die Decke gegangen, weil mein gesamtes inneres Team es aufgrund all der Schemata, die ich mein Leben lang entwickelt habe, als Gefahr gesehen hat, sich »zu öffnen« und über meine Gefühle zu sprechen, sprich: mich verletzbar machen und zeigen, dass ich wirklich doch manchmal jemanden brauche.

Der Bewältigungsstil meines Mannes ist übrigens die Flucht, was super interessant ist. Menschen, die aus Situationen flüchten, grundsätzlich nicht gerne über Gefühle sprechen und lieber allem aus dem Weg gehen, haben auch oft das Grundbedürfnis nach Bindung sehr gut gestillt bekommen, und oft ist es ja so, dass die Menschen, die sehr viel Bindung erleben, ein grundlegendes Harmoniebedürfnis haben. Eine Diskussion zwischen mir und ihm war früher also sehr interessant, weil ich genau das Grundbedürfnis gestillt bekommen wollte, welches er zur Gänze gestillt bekommen hat.

Es ist oft so, dass wir in unserem Partner immer genau den Spiegel finden, den wir brauchen, um genau solche Muster zu erkennen. Als Kindern wird uns also meistens nicht beigebracht, wie wir mit so großen Gefühlen wie Angst und Sorgen umgehen können, weil unsere Eltern es meist selbst nicht besser wussten. Uns wird nicht beigebracht, darüber zu reden, was uns schwerfällt oder was uns bedrückt. Erkenne also bitte an, dass all deine inneren Anteile, besonders dein inneres Kind, nur für deine Sicherheit sorgen und sie deshalb keine negativen oder schlechten Anteile sind. Du darfst all deine Anteile liebevoll anerkennen und ihre positive Absicht herausfinden. Die positive Absicht meiner Anteile, die in diesen Momenten reagiert haben, war es also immer nur, Dinge alleine zu meistern und den Schutz vor Verletzung aufrechtzuerhalten. Denn wenn ich nicht verletzt werde, wird es mir immer gut gehen.

JOURNALFRAGEN

1. Wenn du heute in eine Situation kommst, die dich triggert, welcher der drei Bewältigungsstile (Angriff, Flucht, Starre) kommt zum Vorschein?

2. Was fühlst du in diesen Situationen?

3. Was bräuchtest du in diesen Situationen eigentlich? Was wünschst du dir?

Die vier Grundbedürfnisse eines Menschen

Menschen, die Angst vor einem wahren Dialog, also einem echten Gespräch mit zwei Seiten haben, sind gerne prinzipiell immer der völlig anderen Meinung als ihr Gegenüber. Die Angst davor, jemand könnte einem etwas vorschreiben und sagen, wie man etwas zu tun oder zu lassen hat, sitzt bei vielen Menschen extrem tief, und das hat meist etwas mit unseren Bedürfnissen zu tun, denn jeder Mensch hat bestimmte Grundbedürfnisse. In unserer Kindheit gilt es, diese Grundbedürfnisse gestillt zu bekommen, doch meistens bekommen wir ein Grundbedürfnis mehr gestillt, ein anderes dafür kaum. Nicht nur das Grundbedürfnis nach Bindung gilt es zu erfüllen. Es gibt noch andere Grundbedürfnisse, und ob und wie diese erfüllt wurden, ist ausschlaggebend für unsere heutige Realität. Je nachdem, ob ein Grundbedürfnis mehr oder weniger gedeckt wurde, entwickeln wir Menschen verschiedene Strategien, durchs Leben zu gehen.

Das erste Grundbedürfnis ist das Grundbedürfnis nach Bindung. Dieses ist dann erfüllt, wenn deine Eltern dich immer wieder in den Arm genommen haben und dir gesagt haben, wie lieb sie dich haben. Wie das Wort Bindung schon aussagt, geht es hierbei um die Verbindung zwischen dir und deinen Erziehungsberechtigten. Das Urvertrauen wird gestärkt. Vor allem Menschen, deren Grundbedürfnis nach Bindung eher erfüllt wurde, haben später als Erwachsene ein hohes Bedürfnis nach Harmonie. Oft sind diese Kinder es, die sich später als Erwachsene zu sehr anpassen und alles nur zuliebe des Gegenübers machen.

Das Gegenteil vom Grundbedürfnis nach Bindung ist unser Grundbedürfnis nach Freiheit und Autonomie. Hier geht es vor allem darum, selbständig Entscheidungen treffen zu können und zu lernen, Verantwortung für unser Leben zu übernehmen und die Kontrolle über Situationen zu haben. Dein Grundbedürfnis nach Freiheit und Autonomie wird dann gestillt, wenn du vieles einfach machen darfst. Es wird dir beigebracht, welche Konsequenzen deine Handlungen haben können, und du lernst, hinzufallen, aber vor allem auch, wieder aufzustehen. Oft sind diese Kinder dann später jene Erwachsene, die ungern um Hilfe fragen und anderen sehr schlecht ihre Aufgaben anvertrauen können, aus Angst, die Kontrolle über die Situation zu verlieren.

Das dritte Grundbedürfnis von uns Menschen ist das Grundbedürfnis nach Selbstwerterhöhung. Hier geht es darum, Lob zu erhalten, Erfolge zu erringen und selbstgesteckte Ziele zu erreichen. Es handelt sich dabei um das von Kindheit an vorhandene Streben, sich selbst als gut, kompetent und von anderen wertgeschätzt zu fühlen. Wachsen wir in einem Umfeld auf, das Vertrauen in uns hat, unsere Leistungen anerkennt und uns gleichzeitig vermittelt, dass auch schlechte Leistungen dazugehören und nichts an unserem Wert ändern, wird dieses Bedürfnis erfüllt.

Das vierte und letzte Grundbedürfnis ist das Bedürfnis nach Lust. Sich stundenlang davor drücken, die Wohnung aufzuräumen, zum Sport zu gehen oder für die Prüfung zu lernen, scheint für viele auf den ersten Blick bloße Faulheit zu sein. Dabei ist das das Resultat eines gesunden menschlichen Bedürfnisses. Denn wir alle streben von Geburt an danach, lustvolle Erfahrungen zu machen und unangenehme oder schmerzhafte Erlebnisse zu vermeiden.

Diese Grundbedürfnisse gilt es also, zu decken. Meist wird ein Grundbedürfnis eher gedeckt und ein anderes eher weniger.

Ausschlaggebend für unser inneres Universum sind sie deshalb, weil diese Grundbedürfnisse viel darüber aussagen, ob wir uns anderen Menschen immer anpassen und somit vielleicht unsere eigenen Werte, Gefühle und Grenzen nie richtig kommunizieren, oder ob wir glauben, alles alleine schaffen zu müssen, und somit andere Menschen automatisch auf Abstand halten, weil wir Hilfe anzunehmen als Schwäche empfinden und glauben, unser Weg sei der einzig richtige.

Oft können diese Grundbedürfnisse zu Rebellion führen und Situationen erzeugen, in denen Menschen anderen Menschen ihre Meinung überstülpen wollen.

JOURNALFRAGEN

1. Welches der vier Grundbedürfnisse wurde von deinen Eltern am meisten gestillt und welches am wenigsten?

2. Was hast du als Kind am allermeisten gebraucht?

3. Wie versuchst du heute als Erwachsener, diesen Bedürfnissen nachzukommen?

4. Welches Bedürfnis vernachlässigst du als Erwachsener am meisten? Wie fühlst du dich dabei?

Speak it out!

Kommunikation. Eines der Themen, welches ich mit zweiundzwanzig Jahren erst bewusst wahrgenommen, kennengelernt und erlernt habe. Mir war tatsächlich früher nie bewusst, dass ich nicht kommunizieren kann. Im ersten Moment denkt man bei dem Wort Kommunikation ja sowieso ans Reden. Einfach miteinander reden – kann doch jeder. Oder? Dem ist nicht ganz so. Ich weiß nicht, ob du mein Social-Media-Profil etwas verfolgst, oder ob du mich privat kennst, aber es gab eine Zeit in meinem Leben, in der ich von meinem jetzigen Mann und Vater meiner Tochter getrennt war. Ich habe die Beziehung für ihn relativ abrupt abgebrochen, und ganze drei Monate hatten wir kaum Kontakt. Auch für seine gesamte Familie, meine Familie und unsere Freunde war das damals ein Schock.

Warum, fragst du dich? Na, weil ich mit niemandem über meine Gefühle gesprochen habe. Ich habe niemandem erzählt, was in mir vorgeht, habe nicht einmal mit meinem Mann darüber gesprochen. Heute glaube ich rückblickend, dass es daran lag, dass ich meine Gefühle nicht zuordnen konnte, nicht wusste, was sie mir sagen wollen und wozu sie da sind, aber auch, dass ich dachte, ich hätte meine Erwartungen bereits genug kommuniziert.

Spoiler: Hatte ich nicht. Und da kommen wir zu einem sehr wesentlichen Punkt, den ich dir in diesem Buch mitgeben möchte: Sprich aus, was du willst. Hör auf, ständig an alle Menschen in deinem Leben irgendwelche Erwartungen zu haben, und sag den Menschen, wie du dich fühlst und was deine Werte und Grenzen sind. Es ist wichtig, dass du dich selbst gut genug kennenlernst, um dich als Person dem anderen zeigen und über dich sprechen zu können. Dein Gegenüber kann einfach nicht wissen, was du von ihm willst und was du fühlst, wenn du es nicht aussprichst. Ich weiß, wir Frauen haben sehr oft die Erwartung, dass irgendjemand erkennt, wie wir uns fühlen und was wir wollen, aber so läuft das nun einmal nicht.

Ich kenne sehr viele Menschen, die der Meinung sind, dass das Gegenüber (meist der Partner oder auch enge Freunde) nur interessiert genug sein muss. Dann findet er oder sie schon selbst heraus, was man will. Und diese Haltung heizt das große Problem der Kommunikation an wie Benzin ein loderndes Feuer: Denn wenn du das glaubst, bist du der Überzeugung, dass dein Partner oder bester Freund dich glücklich machen muss, und ich möchte dir hiermit sagen: Muss er nicht. Glück, Zufriedenheit, Liebe – das alles sind Gefühle, für die du dich jederzeit entscheidest, doch mit all den auferlegten Mustern, die du dein ganzes Leben gelernt hast, mit all deinen Schutzstrategien, Schemata und Glaubenssätzen, die deine Weltanschauungen nur bestärken, schaffst du es nicht – weil dir das Bewusstsein dazu fehlt.

Der erste Schritt, mehr Bewusstsein für dich und deine Beziehungen zu erlangen, ist also, dich selbst kennenzulernen. Mit diesem Buch bist du auf dem besten Wege dazu. Der zweite Schritt ist, alles, was du über dich lernst, anderen Menschen, besonders deinem Partner und deinen Freunden, zu erzählen. In den drei Monaten, in denen mein Mann und ich getrennt waren, habe ich mich in der Tiefe kennengelernt.

Okay, zunächst habe ich ausschließlich Party gemacht und meine Gefühle in Alkohol ertränkt, weil ich der festen Überzeugung war, dass er an allem, was ich fühle, schuld war – aber eines Morgens, die Spiegelszene, habe ich erkannt, wer an allem »schuld« ist und habe begonnen, mich kennenzulernen, damit er auch die Möglichkeit hat, in mein Universum zu blicken. Von da an hat unsere gesamte Beziehung eine völlig andere Dynamik bekommen, denn wir haben beide unsere Muster erkannt. Wir haben beide unsere inneren Kinder zum Vorschein geholt, haben sie einander kennenlernen lassen, haben alles, was es über uns als Mensch herauszufinden gibt, herausgefunden und kommuniziert. Tu dir selbst einen Gefallen und erzähle alles, was du in diesem Buch über dich selbst erfährst, deinen engsten Bezugspersonen. Sprich darüber. Sprich über deine Muster, sprich über deine Gefühle, sag ihnen, was deine Schutzstrategie ist, mit der du dich vor Verletzungen schützt, erzähle ihnen, was dein Schema ist, mit dem du dich durchs Leben kämpfen kannst, sprich mit ihnen über all deine negativen Glaubenssätze und tauscht euch über eure Weltanschauungen aus.

Es gibt für Beziehungen nichts Schöneres, als in die Kommunikation zu gehen, und alles, was man irgendwie (über sich selbst) erfährt, auszusprechen und zuzulassen.

Denn genau das passiert, wenn du richtig kommunizierst: Du verbesserst die Qualität deiner Beziehungen und gibst dir Raum, dich zu öffnen, und deinem Gegenüber die Sicherheit, sich auch zu öffnen. Und das Allerwichtigste: Jedes Mal, wenn du etwas über dich ausprichst und erzählst, akzeptierst du es als Anteil von dir selbst. Und genau das ist Selbstliebe.

JOURNALFRAGEN

1. Was möchtest du schon seit Ewigkeiten jemanden über dich erzählen?

2. Was ist der Grund, warum du es bis heute noch nicht getan hast?

3. Was steckt hinter diesem Grund? Ein negativer Glaubenssatz? Eine negative Weltanschauung?

4. Forme diesen Glaubenssatz in der Tiefe um, indem du genau das Gegenteil von dem tust, was dieser Glaubenssatz aussagt. Denkst du dir zum Beispiel: »Wenn ich mich öffne, verlässt mich diese Person.« – Öffne dich der Person und beweise dir selbst, dass diese Person dich nicht verlässt.

Wir entwickeln Schema

Durch unser ständiges Sichern unseres Überlebens und der Schutzstrategien, die wir dadurch für uns selbst entwickelt haben, entstehen bestimmte Schema. Schemata sind Muster, die sich ständig wiederholen und einen mehr oder weniger positiven Effekt für uns haben.

Meist sind unsere Schemata, so wie 95 Prozent unseres gesamten Denkens, Fühlens und Handelns, unterbewusst, und wir ahnen nicht, dass das, was wir täglich tun, auf Schemata beruht, die wir uns irgendwann angeeignet haben, weil unsere Grundbedürfnisse eventuell nicht ausreichend gestillt worden sind und wir dadurch gelernt haben, dass wir als Erwachsener selbst unsere Grundbedürfnisse stillen müssen.

Als Kinder glauben wir immer das, was uns unsere Eltern und Erziehungsberechtigten sagen, und die Schemata, die wir dadurch entwickeln, können in Extreme ausarten. Wir sorgen durch bestimmte Schemata, die wir an den Tag legen, also dafür, dass das, was uns in unserer Kindheit gefehlt hat, im Erwachsenenleben kompensiert wird.

Es gibt achtzehn verschiedene Schemata, und ich finde, über diese Schemata sollte jeder Mensch Bescheid wissen, aus dem einfachen Grund, dass sie dir unglaublich dabei helfen können, dich selbst und andere Personen um dich herum zu reflektieren.

DIE 18 SCHEMATA IN DER PSYCHOTHERAPIE (NACH JEFFREY YOUNG) SIND:

1. Verlassen werden: Die Überzeugung, dass wichtige Beziehungen nicht halten werden, verbunden mit der ständigen Angst, von anderen verlassen oder im Stich gelassen zu werden.

2. Misstrauen / Missbrauch: Ständig auf der Hut sein; Befürchtung, von anderen absichtlich verletzt oder missbraucht zu werden.

3. Emotionale Entbehrung: Erwartung, dass die eigenen emotionalen Bedürfnisse (Unterstützung, Aufmerksamkeit, Zuneigung, Verständnis, Mitgefühl oder Wärme, Anleitung, Hilfestellung und Schutz) von anderen Menschen gar nicht oder nur teilweise erfüllt werden.

4. Unzulänglichkeit / Scham: Überzeugung, es niemals wert zu sein, von anderen Liebe, Aufmerksamkeit oder Respekt zu erhalten, egal wie sehr man sich bemüht.

5. Soziale Isolierung / Entfremdung: Gefühl, in keine Gruppe zu passen und keine Verbindung zu anderen Menschen herstellen zu können.

6. Abhängigkeit / Dependenz: Gefühl der Hilflosigkeit; sich nicht imstande sehen, ohne Hilfe anderer Entscheidungen zu treffen oder Dinge anzugehen.

7. Anfälligkeit für Schädigungen oder Krankheiten: Überzeugung, sich dauernd vor beängstigenden Schädigungen (z. B. durch Naturkatastrophen, Unfälle, Krankheiten, bestimmte Keime etc.) schützen zu müssen beziehungsweise diesen mehr oder minder hilflos ausgeliefert zu sein.

8. Verstrickung / Unterentwickeltes Selbst: Schwaches Gefühl für die eigene Identität; das Bedürfnis, sich oft mit anderen Menschen zu »verstricken« oder sich an sie hängen, um sich vollständig zu fühlen.

9. Versagen: Überzeugung, niemals Erfolg zu haben und weniger begabt / talentiert / klug als alle anderen Menschen zu sein.

10. Anspruchshaltung / Grandiosität: Überzeugung, dass Regeln und Konventionen primär für andere Menschen gelten, für einen selbst jedoch nicht durchgängig relevant sind.

11. Unzureichende Selbstkontrolle: Mangel an Selbstdisziplin und Frustrationstoleranz; Gefühl, begonnene Aufgaben nicht fertigstellen zu können; rasches Aufgeben.

12. Unterwerfung: In Beziehungen den anderen stets die Oberhand lassen; starke Tendenz, sich unterordnen, um gefürchtete negative Konsequenzen (z. B. Verlassenwerden, Wut, Ärger von anderen) zu vermeiden.

13. Selbstaufopferung: Überzeugung, stets für andere da sein und sich intensiv um sie kümmern zu müssen. Eigene Bedürfnisse werden unterdrückt oder verleugnet. Entwicklung von Schuldgefühlen, wenn eigene Bedürfnisse wahrgenommen werden.

14. Streben nach Zustimmung und Anerkennung: starkes Bedürfnis, bei anderen einen guten Eindruck zu hinterlassen; äußere Erscheinung und sozialer Status sind wichtige Eckpfeiler.

15. Negativität / Pessimismus: Fokus auf das Schlechte (Enttäuschungen,Fehltritte, peinliche Situationen), verbunden mit Angst davor, folgenschwere Fehler zu machen.

16. Emotionale Gehemmtheit: Angst davor haben, angenehme oder unangenehme Gefühle wahrzunehmen, zu zeigen oder spontan zu sein.

17. Überhöhte Standards: Übertrieben kritische Haltung sich selbst und/oder anderen gegenüber. Das Bestreben, immer der/die Beste sein zu müssen, sich ständig unter Druck fühlen. Es reicht nie aus.

18. Strafneigung: Ansicht, dass auch der kleinste Fehler bestraft werden muss. Eigene oder andere Fehler können weder sich selbst noch anderen verziehen werden, Schwächen werden nicht oder kaum akzeptiert.

Diese verschiedenen Schemata tragen wir alle in uns. Manche Schemata sind in unserem Alltag mehr ausgeprägt, von anderen wissen wir gar nichts. Deine Schemata zu kennen, kann dir unglaublich gut dabei helfen, zu verstehen, was du dir durch deine Vergangenheit als Muster zum Überleben antrainiert hast. So wie deine Schutzstrategien dafür sorgen, dass dich niemand jemals wieder verletzen kann beziehungsweise soll, sorgen deine Schemata und Gewohnheiten ebenso dafür, dass du mit Erlebnissen und Erfahrungen, die dich eventuell verletzt haben, besser umgehen kannst.

JOURNALFRAGEN

1. Welches Schema passt zu dir?

2. Wann tritt dieses Schema besonders stark auf?

3. In welchen Situationen lebst du aus deinem Schema?

4. Was in deiner Kindheit hat dich dieses Schema aneignen lassen?

Dein Ego limitiert dich

Was sind wir nun also als Mensch? Warum denken wir die ganze Zeit so viele Gedanken, warum fällt es uns so schwer, unser Leben zu leben und Entscheidungen zu treffen? Und warum hinterfragen wir alles immer mit einem Warum? Die Antwort ist: Weil die meisten Menschen aus inneren, unterbewussten Anteilen heraus leben. Wir Menschen haben Tausende innere Anteile, basierend auf unserer Vergangenheit. Der wohl bekannteste Anteil neben dem inneren Kind ist unser Ego, und diesen Anteil dürfen wir unbedingt kennenlernen, um ein besseres Verständnis für unser Leben zu bekommen und bewusster zu leben. Viele Menschen beurteilen und verurteilen andere Menschen, indem sie Sätze sagen wie: »Dieser Mensch hat ein Ego-Problem.«

Doch genau diese Beurteilung beziehungsweise Verurteilung resultiert ebenfalls aus dem Ego heraus. Denn was uns andere Menschen be- und verurteilen lässt, ist einzig und alleine die Ansicht, die wir über diesen Menschen, und das was dieser Mensch tut, haben. Dein Ego ist somit Teil deines Verstandes und hat sich durch deine Erfahrungen, Gedanken und Meinungen gebildet, und daraus sind ganz bestimmte Glaubenssätze entstanden.

Unser inneres Kind ist der Teil von uns, der sich durch vergangene Erfahrungen gebildet hat, und unser Ego verkörpert, was wir über uns selbst denken und wie wir uns selbst und die Welt im Hier und Jetzt sehen. Doch nicht nur deine eigenen Gedanken, Erfahrungen und

Meinungen haben dein Ego geformt, sondern auch die anderer Menschen. Du hast also bewusst und auch unbewusst die Sichtweisen anderer übernommen. Sichtweisen über dich, über die Welt, über die Liebe, über Geld und die Sichtweisen der Gesellschaft können unser Ego formen. Das Ego ist quasi dein innerer »Security«, wenn es um dein inneres Schattenkind geht. Dein Ego ist aber grundsätzlich kein »schlechter« Anteil von dir, denn *jeder* unserer Anteile hat eine positive Absicht. Wir möchten diese innere Stimme oft einfach ausschalten, möchten »nicht mehr negativ denken«, doch unser gesamtes inneres System kann nur anhand der Dinge agieren und denken, die es bisher kennt. Du siehst die Welt also nicht so, wie sie wirklich ist, sondern durch die Brille deines Egos, das die Welt immer aus einer ganz bestimmten Perspektive heraus betrachtet, die es in der Vergangenheit erlernt hat.

Wenn ich dich zum Beispiel frage, wer du bist, wirst du mir mit Sicherheit etwas aus der Vergangenheit erzählen. Du wirst mir deinen Namen sagen, den dir deine Eltern zur Geburt gegeben haben, und du wirst mir dein Leben anhand all der dich prägenden Geschichten erzählen. Du wirst mir erzählen, was dir in der Schule passiert ist und wie sehr dich deine erste große Liebe verletzt hat. Du wirst mir erzählen, was dir deine Eltern über bestimmte Dinge beigebracht haben, und vor allem, wie du das alles wahrgenommen hast. All das basiert auf deinen früheren Erfahrungen mit dir selbst, und zwar so, wie du sie in Erinnerung hast. Und auf dem Feedback von anderen, die dir gesagt haben, wie sie dich wahrnehmen und wie du ihrer Ansicht nach bist. Größtenteils hast du dann selbst entschieden, welche Erfahrungen,

Glaubenssätze und Aussagen anderer du übernommen hast und welche du – aus welchen Gründen auch immer – als nicht zu dir gehörig abgelehnt hast. Aus dem, was du übernommen hast, hat sich im Laufe der Zeit ein Bild von deinem *Ich* gebildet – genau dieses Bild ist dein Ego.

Du hast dir dieses Bild also maßgeblich selbst erschaffen. Und vermutlich glaubst du – wie die meisten Menschen –, genauso zu sein. Du identifizierst dich mit diesem Bild und meinst nun: So bin ich! Nun ist es aber so, dass dieses Bild von dir selbst einzig und alleine aus den Erfahrungen resultiert, die du in der Vergangenheit gemacht hast, und daraus, wie du diese wahrgenommen hast. Etwas, dessen du dir jetzt bewusst werden darfst, ist, dass dieses Bild einzig und alleine in deinem Kopf existiert. Es existiert nur in deinen Gedanken. Deine ganze Vergangenheit und auch deine Zukunft sind einzig und alleine Geschichten in deinem Kopf, die du dir immer wieder selbst erzählst, weil du dich mit ihnen identifizierst. Weil du bestimmst, dass du »nun mal so bist«.

Aber wenn du selbst tagtäglich entscheidest, dass du deine Vergangenheit bist, wird deine Vergangenheit auch zu deiner Zukunft. Du entscheidest jeden Tag, ob du aus deinen vergangenen (meist negativen) Erfahrungen deine Zukunft formen möchtest. Ich kenne so viele Menschen, die mit aller Kraft daran festhalten, dass der Ex-Partner sie irgendwann unglaublich verletzt hat. Sie erzählen diese Geschichte immer wieder, weil sie sich mit dem, was ihnen passiert ist, identifizieren. Ergo: Sie leben aus dem Ego. Sie leben das Bild, welches sie von sich selbst haben. Die große Challenge in unserem Leben ist, dieses Bild als Anteil zu akzeptieren, aber sich nicht damit zu identifizieren, denn das, was wir eigentlich sind, können wir mit unserem Verstand nicht begreifen. Und das, was uns eigentlich wirklich erfüllt und glücklich macht, können wir in unserem Verstand nicht finden. Wir können es nur in unserem Herzen finden, und nur, wenn wir in einem Zustand völliger Ruhe sind, können wir eine Verbindung mit unserem Herzen herstellen. Dadurch, dass wir in einer Welt leben, die ständig laut, hektisch und schnell ist, vergessen wir die Verbindung zu unserem Herzen zu bewahren. Wir wollen das Leben denken, wollen das Leben, uns selbst und andere Menschen ständig verstehen. Doch das Einzige, was wir wirklich verstehen müssen: Je mehr wir über Dinge nachdenken, desto mehr Zeit zum *Leben* verschwenden wir. Wir haben uns eine Pseudoidentität erschaffen, leben unser Leben nach ihr und fühlen uns, als würden wir in einem Käfig unserer eigenen Gedanken festsitzen.

Um also aus diesem Käfig auszubrechen, ist es wichtig, dass du verstehst: Du bist nicht deine Gedanken. Du bist nicht deine Gefühle, du bist nicht deine Erfahrungen, du bist nicht dein Name, dein Alter oder deine Geschichte. Du *hast* das alles nur. Das alles sind Anteile von dir, und du bist der Beobachter dieser Anteile. Wir glauben immer wieder, weil wir aus dem Ego heraus leben, dass uns irgendwann irgendetwas glücklich machen wird. Dass es nur den Lottogewinn braucht, um glücklich zu sein. Oder dass es nur den perfekten Partner braucht, um glücklich zu sein.

Überlege einmal: Was hast du bisher alles getan, weil du gedacht hast, dass du danach glücklich bist? Und wie oft beziehungsweise wie lange warst du dann wirklich glücklich, bevor du dich schon wieder nach dem nächsten Ziel gesehnt hast? Mit dem Ego leben wir aus der Vergangenheit in die Zukunft hinein und vergessen damit das Allerwichtigste: Das Hier und Jetzt zu (er-)leben. Unser Ego trickst uns mit so vielen Dingen im Alltag aus, doch wenn du dein Ego bewusst wahrzunehmen beginnst, kannst du einen guten Abstand schaffen, um besser aus dem Gedankenchaos auszubrechen. Denn das ist einer der Tricks, die unser Ego nutzt, um uns in unserer Komfortzone zu halten. Es sorgt für Gedankenchaos, indem es Fragen stellt, die man nicht wirklich beantworten kann. Fragen, die sich ständig um die Zukunft oder die Vergangenheit drehen, Fragen, deren Antworten wir nicht in der Hand haben oder deren Antworten wir nicht mehr verändern können.

Dein Ego hat bestimmte Tricks, wie es dich dazu bringt, das Hier und Jetzt zu vergessen und völlig in deine Ängste einzutauchen. So sorgt dein Ego zum Beispiel dafür, dass du in Schubladen denkst, die zu deinem Weltbild passen. Alles, was im Außen passiert, wird in die Schubladen, die es in dir gibt, einsortiert. Gibt es zu einem Thema keine Schublade, ist dein Ego verunsichert, denn alles, was außerhalb dieser Schubladen liegt, wird ignoriert, lächerlich gemacht oder ausgeblendet.

Dein Ego sorgt dafür, dass du alles, was du im Außen siehst und was nicht in eine deiner Schubladen passt, verurteilst. Das Ego hält uns innerhalb dieser Schubladen und Strukturen gefangen, deshalb fällt es sehr vielen Menschen so schwer, über den bekannten »Tellerrand« hinauszublicken. Bei unserem Beispiel wäre es natürlich die Schubladenkante – die Message dahinter bleibt dieselbe. Ein weiterer Trick deines Egos ist, ständig über irgendetwas zu jammern oder sich zu beklagen.

Dein Ego sucht ständig jemanden im Außen, der schuld ist an deinen Problemen und den Problemen der Welt. Es möchte keinesfalls die Verantwortung übernehmen und versteht nicht, dass es selbst der Grund für all die Probleme im eigenen Leben ist. Es beschuldigt andere Menschen, Politiker, die Welt oder Gott für Probleme, die dein Leben vermeintlich schwer machen. Dein Ego möchte dich darüber zum Grübeln bringen, wer was gemacht hat und wer für diese oder jene Umstände in deinem Leben oder in der Welt verantwortlich ist. Sobald du selbst erkennst, dass du derjenige oder diejenige bist, die die Verantwortung für dein Leben trägt, holst du die Macht wieder zu dir zurück, und das ist ein unglaublich wichtiges Tool, um dem Ego seine Macht über dich zu nehmen. Versuche wirklich immer im Alltag, wenn du jemanden verurteilst oder jemandem die Schuld an deinen negativen Gedanken und Gefühlen und Problemen deines Lebens gibst, die Macht wieder zu dir zurückzuholen, indem du dir bewusst wirst, dass du gerade die Verantwortung dafür trägst, was in deinem Leben passiert, was du denkst, wie du handelst und was du fühlst. Du selbst trägst die Verantwortung in deinem Leben! Werde dir dessen immer wieder bewusst.

Außerdem sorgt dein Ego mit Zukunftsängsten dafür, dass du nicht vom Fleck kommst und in deinem Leben stagnierst. Dein Ego sendet dir ständige Gedanken, die sich um die Zukunft drehen, und lässt dich damit das Wichtigste vergessen: Das Hier und Jetzt! Es ist absolut nicht sinnvoll, in deinem Alltag ständig darüber nachzudenken, wie etwas sein wird. Wenn dir das oft passiert, hat dein Ego die Macht über dich, und du lebst nicht im jetzigen Moment. Dein Ego sorgt somit für eine imaginäre Zukunft, die absolut nichts mit der Realität zu tun hat. Werde dir bewusst, dass die Zukunft aus deinem Heute geformt wird. Noch ein Trick deines Egos, damit du dein Leben nicht so leben kannst, dass es dich glücklich macht, ist, dass es immer eine Gegenstimme zu allem hat. Wenn du etwas auf die eine Art und Weise machst, wird dein Ego aus Prinzip heraus vorschlagen, es anders zu machen, oder zumindest im Nachhinein so etwas sagen wie: »Ha! Hab ich es dir doch gesagt, dass es so nicht klappen wird!«

Dein Ego ist so unsicher, dass es nichts, was du machst, als richtig empfindet. Dein Ego lässt dich immerzu glauben, dass es irgendetwas geben muss, was alles besser macht, was alles irgendwann gut macht, und schiebt somit dein Glück immer wieder in die Zukunft. Du kannst kein tiefes inneres Glück verspüren, solange du aus dem Ego lebst.

Es gilt also, Neues in dein Leben zu bringen. Neue Denkweisen, Sichtweisen und neue Weltbilder. Und das kannst du am besten schaffen, indem du das Hier und Jetzt lebst. Mit allen Facetten, die diese Welt zu bieten hat. Denn deswegen sind wir hier.

JOURNALFRAGEN

1. Mit welcher Geschichte aus deiner Vergangenheit identifizierst du dich immer wieder?

2. Welche Erfahrungen erlebst du immer wieder, weil du sie einfach nicht loslässt?

3. Wo siehst du dich selbst als Opfer? Wem gibst du die Schuld an etwas, das du längst loslassen könntest?

Lerne dein inneres Team kennen

Unser inneres Kind und unser Ego sind also Rollen von uns, in die wir jederzeit schlüpfen können und es unterbewusst auch zu 95 Prozent der Zeit tun. Sie gehören zu uns, helfen uns im Alltag und verkörpern einen wichtigen Teil unseres Lebens. Wir haben aber nicht nur unser inneres Kind und unser Ego als Rollen, sondern noch dazu viele weitere Anteile, und sie formen unser inneres Team. Alleine unsere Gefühle, Gedanken und Werte, Träume und Erlebnisse sind bereits Anteile von uns und werden durch verschiedene Rollen in uns verkörpert.

Das innere Kind zum Beispiel ist eine Rolle, eine kleine Person, die wir kennen und aus der wir auch ab und zu handeln. Genauso haben wir die Rolle als Mutter oder Vater, die Rolle als Angestellte/r, als Selbständige/r, die Rolle der Tochter, des Freundes und noch so viele mehr. All diese Rollen tragen verschiedene Anteile in sich. Die Stärken, die die Rolle der inneren Tochter hat, können zum Beispiel die Schwächen des inneren Kindes sein und so weiter.

Grundsätzlich weißt nur du selbst, welche Anteile in dir vorhanden sind, und es ist wichtig, dass du dich mit ihnen beschäftigst, denn wenn du dich selbst kennenlernst und alles, was zu dir gehört, findest du erstens einmal dein »wahres Selbst«, und du verstehst, dass du in allen möglichen Situationen in verschiedene Rollen schlüpfst, die dir dabei helfen, mit den Situationen klarzukommen. Und diese Anteile, wie Gefühle, Bedürfnisse, Werte und Rollen, können natürlich bereits irgendwann in deinem Leben verletzt worden sein – das sind dann unsere inneren verletzten Anteile. Die verletzten Anteile entstehen durch Situationen aus deiner Vergangenheit, die dich, wie der Name bereits verrät, sehr verletzt haben. Das nennt man Trauma. Ich weiß, Trauma wird gerne als etwas ganz Dramatisches gesehen, aber nein – auch die kleinsten Verletzungen, durch die negativen Glaubenssätze in dir entstanden sind, nennt man Traumata. Wenn dich als Kind etwas sehr verletzt hat, ist es egal, wie diese Verletzung ausgesehen hat. Es macht keinen Unterschied, ob es verbale oder körperliche Verletzungen waren – wenn uns als Kind etwas verletzt, prägt sich diese Situation in unser System ein, denn wie du bereits weißt, möchte unser ganzes inneres System nichts anderes, als uns zu beschützen. Durch jede einzelne dieser verletzenden Situationen entwickeln deine Anteile Schutzstrategien und Schemata, um nie wieder auch nur annähernd so eine Verletzung nochmals erfahren zu müssen.

Und genau diese verletzten Anteile in dir sind es, die zum Beispiel Gedankenchaos verursachen oder eben Schutzmechanismen wie extreme Harmoniebedürftigkeit auslösen und sich allen Menschen rundherum anpassen, damit sie nicht mehr verletzt werden. Das heißt, wir tragen in uns Tausende Anteile, die unsere Aufmerksamkeit haben wollen. Ich habe dir bereits erzählt, dass jeder Anteil in uns eine positive Absicht hat. Jeder einzelne deiner Tausenden Anteile in dir möchte von dir gehört und gesehen werden. Es ist also unglaublich wichtig, dich nicht nur mit bekannten Anteilen wie dem inneren Kind und dem Ego zu beschäftigen, sondern deinem gesamten System Aufmerksamkeit zu schenken und dich jeden Tag zu fragen, wem du das Mikrofon deines Lebens in die Hand gibst, denn jeder deiner Anteile hat eine Stimme und möchte gehört werden.

JOURNALFRAGEN

1. Welche inneren Anteile spürst du?

2. Wer ist Teil deines inneren Teams?

3. Ist der jeweilige Anteil ein Anteil, der dich limitiert, also daran hindert, ein erfülltes und glückliches Leben zu leben?

4. Wenn ja, wobei hindert dich dieser Anteil gerade?

5. Was ist die positive Absicht dieses limitierenden Anteils?

6. Wobei hat dieser Anteil dich in der Vergangenheit unterstützt?

7. Wo dient dir dieser Anteil heute in deinem Alltag noch?

ÜBUNG

LERNE DEIN INNERES TEAM KENNEN

Nimm dir ein Blatt Papier und Buntstifte deiner Wahl. Frage dich, wie dein inneres Team aussehen könnte, und beginne, ein Spielfeld zu malen, auf dem du verschiedene Spieler platzierst.

Frag dich, welche Spieler auf deinem inneren Spielfeld spielen und welche Positionen sie haben. Wer ist mächtiger und wer ist schwächer? Wer ist größer und wer ist kleiner?

Und vor allem – wer sind diese Anteile in dir und was sind die klassischen Sätze, die sie sprechen? Wer spielt in deinem inneren Team mit? Gibt es einen Kapitän? Schenke deinem inneren Team ganz bewusst deine volle Aufmerksamkeit und hab Spaß mit der Magie, die dabei entsteht.

ÜBUNG

FINDE DEIN »WAHRES SELBST«

Schreibe dir alles auf, was deins ist. Also deine Träume, deine Werte, deine Gefühle, dein Verhalten, deine Handlungen, damit du verstehst, dass das alles du bist, und gegebenenfalls etwas austauschen kannst, was sich nicht mehr wie deins anfühlt. Schreibe dir einfach eine Liste mit deinen Träume, deinen Werten, deinen Gefühlen ... Wenn du tiefer in die Gefühle eintauchst und zum Beispiel deine Ängste aufschreibst, kannst du im Alltag einmal darauf achten, in welcher Situation sich welcher Anteil in dir zeigt.

Du kannst diesen Anteilen auch sagen, wie sie sich zu verhalten haben beziehungsweise wie du möchtest, dass sie sich das nächste Mal verhalten. Dadurch, dass all deine Anteile zu dir gehören, kannst auch du bestimmen, was deine Anteile sagen und tun. Ich wünsche dir viel Spaß beim Entdecken deiner Anteile.

Nimm die Beobachterfunktion ein

Vielleicht fragst du dich jetzt, wie du all das, was du bereits in diesem Buch gelesen hast, im Alltag bemerken und verinnerlichen kannst. Hier kommen wir zur Vogelperspektive. Die Vogelperspektive ist ein sehr wichtiges Tool, wenn es darum geht, die Gedanken und die Stimme in deinem Kopf, die diese Gedanken ausspricht, leiser werden zu lassen. Man nennt sie auch Beobachterfunktion, weil du ganz bewusst den Teil von dir einnimmst, der du eben bist: Der Beobachter deines Lebens.

Ich habe dir im letzten Abschnitt bereits erklärt, dass du nicht die Gedanken und die Stimme in deinem Kopf bist und dass es wichtig ist, dich von dieser Stimme zu trennen. Du kannst dich von dieser Stimme bewusst trennen, indem du beginnst, diese Stimme zu beobachten. Das schaffst du, indem du beginnst, bewusster zu leben, das heißt, all die Dinge, die du den lieben langen Tag tust, bewusst zu tun. Das, was uns Menschen nämlich meist daran hindert, unser Leben selbst in die Hand zu nehmen und es zu leben, ist der Autopiloten-Modus.

Du hast es bestimmt schon einmal erlebt, dass du mit dem Auto zu einem bestimmten Ort gefahren bist und dich während dem Fahren so in deinen Gedanken verloren hast, dass du dich am Ende gefragt hast, wie du überhaupt ankommen konntest. In diesem Moment warst du im Autopiloten-Modus. Kannst du dich noch erinnern, als du begonnen hast, deinen Führerschein zu machen? Als du das erste Mal im Auto gesessen bist und der Fahrlehrer dir gezeigt hat, wie du vom ersten in den zweiten und in den dritten Gang schalten kannst? Dass du währenddessen auch noch auf die Kupplung und auf die Bremse treten sollst, hat dich maßlos überfordert. In diesem Moment hast du gedacht, dass du Autofahren niemals lernen wirst. Doch du hast es ganz bewusst gelernt, und heute telefonierst du während dem Fahren oder hältst das Lenkrad mit deinem Knie, während du dein Essen isst, weil Autofahren zur Gewohnheit wurde.

Und genau so ist es mit so vielen Dingen in unserem Leben: Sie werden zur Gewohnheit, und überall, wo Gewohnheit eintritt und wir somit im Autopiloten-Modus leben, können die Gedanken unglaublich viel Raum einnehmen und sich um Vergangenheit oder Zukunft sorgen. Wenn du dein Leben im Autopiloten lebst und nicht bewusst wahrnimmst, wird es an dir vorbeiziehen und dir werden die Jahre wie Tage vorkommen. So viele Menschen sagen oft, dass die Jahre wie Tage vergehen, aber fragen sich nie, warum es sich so anfühlt. Sie fragen sich nie, warum sie sich nicht an das erinnern, was sie bewusst getan haben. Denn das, was sie wirklich und wahrhaftig wahrgenommen haben, ohne einen Gedanken dazwischenkommen zu lassen, ist so gering – es bleibt im Unterbewusstsein nicht mehr hängen. Du kannst dir unser Unterbewusstsein wie einen Filter vorstellen. Unser Gehirn sendet pro Sekunde 200 Mbit durch unsere neuronalen Verbindungen in unserem Kopf. Alle Gedanken, die durch diese neuronalen Verbindungen schießen, werden von unserem Gehirn gefiltert. Es kontrolliert, welcher Gedanke zu welchen Werten passt, schaut, welche Emotionen zu welchen Erlebnissen passen. Die Bedeutung deiner Gedanken, Werte, Gefühle und Erlebnisse wird an bereits vorhandene Informationen geknüpft. Alles, was du denkst und fühlst, kommt in eine passende Schublade aus bereits vorhandenen Informationen aus deiner Vergangenheit, und all diese Schubladen, all diese Verknüpfungen sorgen für einen mentalen Zustand. Und dein mentaler Zustand sorgt wiederum für Gedanken und Gefühle, die durch dein Gehirn gepumpt und durch den Filter sortiert werden. Das, was du ständig denkst, fühlst und tust, wird zur Gewohnheit, wenn du es oft genug wiederholst, und all diese Gewohnheiten erschaffen dein Leben.

Aus deinen Gewohnheiten auszubrechen und dein Leben nicht mehr aus unterbewussten Gewohnheiten heraus zu leben, sondern bewusst wahrzunehmen, wird dir am Anfang also als schwierige Aufgabe erscheinen, weil es in deinem Kopf keine Schublade für bewusstes Leben gibt.

Du musst diese Schublade durch neue Gedanken, Gefühle und Handlungen erschaffen. Wenn du dann beginnst, jeden Moment deines Lebens und jedes Gefühl, das du in diesem Moment fühlst, bewusst wahrzunehmen, wirst du sehen, dass viele Schubladen in deinem Kopf entleert werden dürfen, weil du erkennen wirst, was in deiner Realität und im Hier und Jetzt, im aktuellen bewussten Moment, wirklich wichtig für dich ist. Das heißt, dich und alles, was du täglich tust, ganz bewusst zu beobachten. Der Weg, auf dem du in die Arbeit fährst, das Gefühl beim Zähneputzen, das Kauen, während du isst, das kochende Wasser am Herd, während du dir dein Lieblingsessen zubereitest, die Umgebung draußen in der Natur, die dein Haus umgibt – all das sind Dinge, die du wirklich bewusst wahrnehmen darfst, indem du diese Dinge einfach nur beobachtest. Indem du bewusst wahrnimmst, dass du bist. Dass du lebst. Und dass du dich jederzeit entscheiden kannst, wohin du deine Aufmerksamkeit lenkst und was du beobachten möchtest.

JOURNALFRAGEN

1. Was kannst du heute ganz bewusst anders machen?

2. Welche Gewohnheit kannst du heute stoppen, beziehungsweise ändern?

3. Welches Verhalten von dir kannst du heute ganz bewusst beobachten?

4. Was ist dir noch nie aufgefallen, weil du es nie bewusst wahrgenommen hast?

IDEEN FÜR BEWUSSTES WAHRNEHMEN:

- ✦ Wähle einen neuen Weg zur Arbeit und einen neuen Nachhauseweg.
- ✦ Atme, wenn du in dein Auto steigst, ganz bewusst ein und nimm wahr, wo es hingehen soll, wie es in deinem Auto riecht und wie sich das Lenkrad anfühlt.
- ✦ Iss bewusst. Lege dein Handy beim Essen weg und nimm jeden Bissen bewusst wahr.
- ✦ Höre auf zu prokrastinieren. Setze dir Timer für deine Handy-Apps und halte die Timer bewusst ein.
- ✦ Werde dir deiner fünf Sinne bewusst. Sehe, fühle, höre, rieche, schmecke in deinem Alltag immer wieder ganz bewusst und nimm dir Zeit für deine fünf Sinne.
- ✦ Höre den Menschen bewusst zu. Schenke Menschen deine volle Aufmerksamkeit und lies zwischen den Zeilen.
- ✦ Achte auf deine Gedanken. Nimm immer wieder bewusst wahr, was du gerade denkst. In der Schlange zu Kasse, beim Aufwachen, beim Duschen. Nimm dein Inneres wahr.
- ✦ Versuche ganz bewusst, darauf zu achten, wenn du im Alltag jemanden be- oder verurteilst. Komm wieder zurück ins Hier und Jetzt, und mache dir bewusst, dass jeder eine eigene Wahrheit lebt.

Die Familie

Die Familie ist ein Thema, welches viele Menschen in der Selbstfindungsphase sehr belastet, da sie sich ihrer Familie, komme was wolle, verpflichtet fühlen. Ich kenne so viele Menschen, die sich selbst bereits unglaublich weit entwickelt haben und dennoch bei der Familie immer in alte Muster zurückverfallen und nicht wissen, wie sie toxischen Menschen, die ihrer Familie angehören, aus dem Weg gehen können. Ich verstehe das total, denn ich selbst war lange in einem Kampf mit mir selbst und dachte, dass die Familie ja alles sei.

Doch wenn wir das Ganze einmal näher betrachten und die Familie wirklich »alles« ist, warum sollte es dann in deiner Familie Menschen geben, die dich schlecht behandeln und trotzdem weiterhin in deinem Leben bleiben dürfen, nur weil sie deine Familie sind? Auch dass Familie über allem steht, ist ein Glaubenssatz, der sich in der Gesellschaft ganz wunderbar eingenistet hat und heute noch sehr viele Menschen verzweifeln lässt.

Ich kann dir hiermit sagen: Es wird Menschen in deinem Leben geben, die unglaublich toxisch und negativ sind, und wenn du nicht lernen kannst, damit umzugehen und diese Energie nicht an dich ranzulassen, ist es für dich wahrscheinlich das Beste, erst einmal den Kontakt zu diesen Menschen zu minimieren. Ich habe mal einen wunderbaren Satz gehört, der da sagt: »Du bist erst dann erwachsen, wenn du aufhörst, deine Eltern erziehen zu wollen.« Und dieser Satz hat sehr viel in mir bewirkt, weil ich aufgehört habe, meine Eltern beziehungsweise meine Familie verändern zu wollen. Du kannst andere Menschen nicht verändern, du kannst immer nur der Spiegel sein. Wenn Menschen aus deiner Familie negativ reden oder generell sehr pessimistisch sind und du diejenige bist, die gerade beginnt, ein positives Mindset zu entwickeln, bist du nicht dafür verantwortlich, dass der Rest deiner Familie das auch tut. Was du verstehen darfst, ist, dass jeder Mensch unterschiedlich weit ist im Leben, und das hat nichts mit dem Alter der jeweiligen Person zu tun. So viele Menschen wissen und erkennen nicht, dass sie ständig nur negativ reden und negativ denken, und es ist trotzdem nicht deine Verantwortung, all diese Menschen zum Umdenken zu bewegen.

Das Einzige, was hier passiert, ist, dass du deinen Fokus komplett auf das Außen legst und den Fokus von deinem Inneren verlierst. Ich weiß, dass du dich deiner Familie gegenüber verpflichtet fühlst, aber deine Familienmitglieder sind genauso Menschen, wie es deine Freunde und Arbeitskollegen sind. Du trägst nicht die Verantwortung, alle Menschen, die vor dir geboren sind, zu heilen. Du bist einzig und allein dafür verantwortlich, was mit den Generationen deiner Familie nach dir passiert. Was du deinen Kindern und deinen Enkelkindern mitgibst.

Negative Glaubenssätze und Weltanschauungen ziehen sich wie rote Fäden durch alle Generationen vor dir bis hin zu dir selbst, und deine Verantwortung ist es, eine Schere in die Hand zu nehmen und diese roten Fäden ein für alle Mal zu trennen. Das, was ich mit der Geburt meiner Tochter nochmals ganz intensiv verstanden habe, ist, dass es nicht mehr um die Generationen vor mir geht. Für diese Generationen bin ich nicht verantwortlich, sie tragen die Verantwortung für sich selbst, und ich bin nicht hier, um ihnen das zu sagen. Ich trage einzig und alleine die Verantwortung dafür, was von den Dingen, die ich gelernt habe – positiv wie negativ –, ich meiner Tochter weitergebe und was sie dann ihren Kindern weitergeben kann. Du heilst nicht im Inneren für deine Familie im Außen. Du heilst für all die Generationen nach dir, weil du sie automatisch mit deiner Heilung mitheilst.

Und ich weiß, dass du einige deiner Familienmitglieder nicht verstehen kannst und dir wünschen würdest, dass sie anders denken, dass sie positiver sind und dass sie verstehen, dass sie sich selbst durch ihr negatives Denken krank machen, weil du natürlich niemanden aus deiner Familie krank sehen möchtest. Jedoch siehst du dich hier wieder als die Verantwortliche für alle anderen, und das bist du nicht.

Du musst nicht die Last aller Generationen vor dir auf deinen Schultern tragen, und du musst auch nichts ertragen, was dir Energie raubt, nur weil es deine Familie ist. Nur weil jemand zu deiner »Familie« gehört, heißt das nicht, dass du Drama und Respektlosigkeit dir gegenüber akzeptieren musst.

Du entscheidest, was Familie für dich bedeutet, und das Wort Familie geht weit über die Blutsverwandtschaft hinaus. Familie bedeutet für mich Menschen, die sich für mich interessieren. Die mich supporten und alles unterstützen, was ich beginne und aufhöre. Familie bedeutet für mich Respekt und Ehrlichkeit, Familie bedeutet für mich Menschen, die mir sagen, wie sehr sie an mich glauben, und mir dieses Gefühl auch vermitteln. Familie bedeutet für mich, Menschen um mich zu haben, bei denen ich ich sein kann, ohne dass ich mich verstellen muss. Und Familie bedeutet für mich vor allem ein Ort, an dem ich Energie bekomme. Nicht ein Ort, an dem mir Energie weggenommen wird, weil ich mir ständig anhören muss, wie negativ denn dies oder jenes ist. Familie bedeutet für mich Menschen, um mich zu haben, die mich nicht verurteilen für das, was ich bin, und die sich mit mir gemeinsam in die gleiche Richtung bewegen wollen. Und für diese Menschen gebe ich alles und werde ich auch immer alles geben.

Jedoch gibt es anhand meiner Werte bestimmte Grenzen in meinem Leben, und diese Grenzen dürfen weder Fremde noch Freunde noch Familienmitglieder überschreiten. Warum sollte man hier eine Ausnahme machen? Wer sagt, was hier wichtiger ist? Wer sagt, wer hier besser oder schlechter ist? Genau: Du. Beziehungsweise dein Ego, welches gelernt hat, dass »Familie alles ist«. Dieser Glaubenssatz, all dieser Schmerz und diese Ängste ziehen sich durch deine Ahnenlinie, bis jemand bereit ist, sich diesen Ängsten und Schmerzen zu stellen und sie zu heilen. Du darfst verstehen, dass manche Menschen niemals wirklich heilen. Manche Menschen lernen niemals aus ihren Fehlern und merken nicht einmal, dass sie Fehler gemacht haben. Manche Menschen werden sich auch niemals eingestehen, Fehler gemacht zu haben, und manche Menschen werden niemals verstehen, dass sie im Unrecht waren. Du wirst von manchen Menschen in deinem Leben niemals eine Entschuldigung bekommen und manche Menschen werden sich nun mal niemals ändern. Lass los.

JOURNALFRAGEN

1. Welchem Familienmitglied gibst du immer wieder eine Chance, obwohl du keine Kraft mehr dazu hast?

2. Welches Familienmitglied möchtest du unbedingt ändern und warum?

3. Welchen Menschen darfst du liebevoll loslassen?

Hurt People Hurt People

Hast du dich schon einmal gefragt, warum auf dieser Welt so viel Missgunst, Neid, schlechte Laune und Pessimismus herrschen? Vielleicht hast du das für dich in den letzten Kapiteln schon herausfinden können, wenn nicht, sag ich es dir gerne: Dadurch, dass jeder von uns irgendwann in seinem Leben traumatisiert wurde, tragen wir Verletzungen in unseren Herzen, die uns so lange wehtun, bis wir sie endlich heilen lassen. Und dadurch, dass die meisten Menschen so durchs Leben gehen, als hätten sie einen Sack Salz in der Hand, der nur darauf wartet, in Wunden gestreut zu werden, kann auf dieser Welt keine Heilung entstehen. Menschen, die ihre eigenen Verletzungen nicht heilen, verletzen auch andere Menschen immer weiter.

Nicht umsonst heißt es: »Hurt people hurt people.« Es gibt Menschen auf dieser Welt, die einfach nicht verstehen, dass sie das Salz, mit dem sie die ganze Zeit herumlaufen und entweder sich selbst darin suhlen oder es anderen in die Wunden werfen, einfach abstellen können. Viele Menschen wollen das unterbewusst aber oft nicht, weil sie der Meinung sind, dass das Leben schuld an alldem ist, was sie verletzt hat. Dass das Leben an all dem Schuld hat, was ihnen jemals passiert ist.

Es gibt Menschen, die ihr eigenes Leben beenden, weil sie es nicht mehr ertragen, auf dieser Welt zu sein. Es gibt Menschen, die ihr eigenes Leben wegwerfen, ihre kostbare Zeit verschenken, sich mit Alkohol und Drogen in eine andere Welt retten wollen, weil sie glauben, dass das Leben, so wie es für sie ist, nun mal nicht mehr verändert werden kann. Die Wahrheit ist aber, dass jeder Mensch sich nur selbst verletzt. Du bist für deine Verletzungen, die du jetzt fühlst, selbst verantwortlich. Du streust dir selbst Salz in deine Wunden, indem du sie immer wieder aufreißt und neues Salz darüberkippst, damit du dich lebendig fühlst.

Es wird Zeit, dass du deine Verletzungen heilst, damit du aufhören kannst, andere Menschen zu verletzen und für dein potentielles Unglück verantwortlich zu machen. Weder dein Ex-Freund, deine Ex-Freundin, dein Chef, deine Eltern, deine Geschwister oder sonst jemand ist für dein Unglück verantwortlich, und dich wird nichts, absolut nichts und niemand im Außen retten, solange du nicht verstehst, dass du selbst für deine Verletzungen verantwortlich bist, und endlich aufhörst, anderen vorzuwerfen, sie seien dafür verantwortlich. Viel zu lange habe ich anderen Menschen vorgeworfen, sie wären an meinen Gefühlen, Handlungen und Denken schuld. Rückblickend habe ich immer, in jeder einzelnen Situation in meinem Leben, die mich verletzt hat, sofort jemanden gesucht, der daran schuld ist und mich von meinem Leben somit immer weiter entfernt. Ich habe mein Leben in die Hände anderer gelegt, in der Hoffnung, dass irgendwann der erlösende Retter kommt und ich mich endlich glücklich fühle. Spoiler Alert: Er kommt nicht. Und mit jeder negativen Erfahrung, die ich gemacht habe, mit jeder Kritik, jeder Zurückweisung und jeder Enttäuschung habe ich ein bisschen mehr aufgehört zu strahlen.

Mit jeder negativen Situation, die mir in meinem Leben passiert ist, habe ich mich hinterfragt. Ich habe mich gefragt, warum ich das alles schon wieder erleben muss, und mich in die Opferrolle begeben. Die Opferrolle, die dafür gesorgt hat, dass ich so viele Situationen in meinem Leben nicht loslassen konnte, weil ich ernsthaft dachte, dass ich das Opfer in dieser Situation sei und von irgendetwas oder irgendjemanden im Außen gerettet werden muss.

Und durch diese Opferrolle habe ich beispielsweise meine Beziehung gegen die Wand gefahren und mein Leben in Alkohol ertränkt. Ich habe andere Menschen verletzt, weil ich selbst verletzt war und anderen Menschen die Schuld für diese Verletzungen gegeben habe. Heute weiß ich, ich selbst war diejenige, die sich immer wieder Salz in die Wunden gestreut hat, durch die Identifikation mit alldem, was mir »passiert ist«. Ein Satz, der mir immer in Erinnerung bleibt und der mich aufgeweckt war: »Hurt people hurt people.« Als ich reflektiert habe, dass ich andere Menschen nur verletze, weil ich selbst verletzt wurde und ich andere Menschen dafür verantwortlich gemacht habe, noch immer verletzt zu sein, hat das sehr an meinem Ego gekratzt, denn ich musste mir eingestehen, dass ich dafür verantwortlich war, dass ich mich als »Opfer« meines Lebens fühlte. Dass ich selbst mit meiner Betrachtungsweise das Problem war, nicht das, was mir in meinem Leben zugestoßen ist.

Es tat weh, zu erkennen, dass das, was ich mit anderen Menschen gemacht habe, wie ich vor allem meine Partner in meinen Beziehungen behandelt habe, jedes Mal eine Entscheidung meinerseits war. Die Entscheidung, mich immer weiter von diesen Menschen zu entfernen. Es tat weh, zuzugeben, dass ich der Meinung war, andere Menschen seien für mein Glück verantwortlich, und es war mir peinlich und unangenehm, welches Verhalten ich teilweise an den Tag gelegt habe. Dass ich ständig Drama kreiert habe, habe ich dir bereits erzählt. Umso schöner war es, für mich zu erkennen, dass ich jederzeit aus der Opferrolle, aus dem Jammern und dem Selbstmitleid aussteigen konnte. And so do you! Du kannst jederzeit, jetzt sofort, aufhören zu jammern und dich in deinem Selbstmitleid zu suhlen. Du kannst jederzeit aussteigen aus dem ewigen Kreislauf von »Wer ist diesmal schuld an meinen Problemen« und dein Leben selbst in die Hand nehmen.

Die Lösung für deine Probleme, Schemata, Glaubenssätze, Schutzstrategien und negativen Gedanken befindet sich jedenfalls einzig und alleine in dir: Indem du beginnst, die Situationen anders zu betrachten, und den Salzsack endlich auf den Boden legst. Hör auf, andere Menschen dafür verantwortlich zu machen, wie du dich fühlst. Hör auf, für alles, was in deinem Leben schiefläuft, die Ausrede zu verwenden, das Leben sei gegen dich. Hör auf, jedem Menschen deine tragischen Geschichten, in denen du das Opfer bist, zu erzählen.

Hör auf, dich selbst ständig runterzuziehen und an jeden Satz ein »Aber« dranzuhängen. Hör auf, immer nach etwas zu suchen, das nicht funktioniert, wenn einmal alles richtig läuft. Hör auf, dein »immer passiert das mir« zu verwenden, um die Aufmerksamkeit anderer zu erlangen. Lass endlich diese Opfermentalität los und verändere dein Denken und deine Sichtweisen.

JOURNALFRAGEN

1. Welche Glaubenssätze und Denkweisen musst du ändern, um nicht mehr Opfer deines Lebens zu sein?

2. Realisiere, dass du mehr Kontrolle hast, als du glaubst. Wo gibst du täglich die Kontrolle ab?

3. Wo spielst du gerade die Opferrolle?

4. Wen verletzt du gerade, weil du verletzt bist?

5. Was brauchst du wirklich? Was möchtest du mit der Opferrolle eigentlich erreichen?

ZEICHEN, DASS DU IN DER OPFERROLLE FESTSTECKST

1. Selbst wenn alles gut läuft, findest du etwas, worüber du jammern kannst.

2. Du lässt keine anderen Perspektiven oder Ratschläge zu, wenn du über deine Probleme redest.

3. Wenn du etwas erzählst, dann sind es immer dramatische Geschichten deines Lebens, du erzählst selten etwas Positives.

4. Du siehst all deine Probleme als absolute Katastrophen an und übertreibst maßlos, wenn du von ihnen erzählst. Du glaubst, dass du nicht dafür verantwortlich bist, was in deinem Leben passiert.

5. Du vermeidest es, dein Leben zu reflektieren oder an dir zu arbeiten.

6. Du magst es, dich in deinem Selbstmitleid zu suhlen.

7. Du ziehst dich die ganze Zeit runter und siehst das Glas immer halb leer, niemals halb voll.

8. Wenn du konstruktiver Kritik ausgesetzt bist, fühlst du dich sofort angegriffen und beleidigt.

9. Du fühlst dich nicht geliebt, von niemandem, und glaubst, dass jeder Mensch die Absicht hat, dich zu verletzen.

WIE DU DIE VERANTWORTUNG FÜR DEINE VERLETZUNGEN ÜBERNEHMEN KANNST

1. Sei ehrlich zu dir selbst. Worüber jammerst du gerade? Wo ertrinkst du im Selbstmitleid? Wo machst du dich zum Opfer?

2. Beginne, andere so zu behandeln, wie du selbst auch behandelt werden möchtest.

3. Beginne, um Hilfe zu fragen! Glaube nicht immer, dass du dein Leben alleine meistern musst, um dann am Ende deshalb zu jammern.

4. Hör auf, auf jemanden zu warten, der dich rettet, und übernimm die Verantwortung für dein Leben.

Deine Komfortzone ist das, was dich zurückhält

Wenn es etwas in deinem Leben gibt, das dich davon abhält, dich persönlich zu entwickeln und dem Leben deiner Träume nachzujagen, dann ist das die Komfortzone. Die Komfortzone ist die Zone, in der du dich höchstwahrscheinlich auch jetzt gerade befindest, und sie besteht aus allem, was du bisher in deinem Leben kennst und gelernt hast. Deine Komfortzone sind deine täglichen Routinen, deine immer gleichen Gedanken und deine Gewohnheiten und all das, was dir Sicherheit bietet.

Wie du ja bereits weißt, ist es für uns Menschen nicht leicht, über diese Komfortzone hinauszugehen, weil wir nicht wissen, was uns dort erwartet. Das ist das, was den meisten Menschen Sorgen macht, und der Grund, warum sie selten aus ihren Gewohnheiten ausbrechen. Noch dazu ist es eine unerschütterliche Wahrheit, dass du frustriert genug sein musst, um aus deiner Komfortzone herauszutreten, und glaube mir, dein Universum wird dafür sorgen, dass es irgendwann richtig unbequem in deinem Leben wird, wenn du nicht erkennst, dass du selbst bereits jetzt und immer wieder aufs Neue aus deiner Komfortzone herauskannst.

Ich kenne Geschichten von Freunden und Familienangehörigen, bei denen ich jedes einzelne Mal etwas schmunzeln muss, so unangenehm die Dinge auch sind, die ihnen passieren. Denn meistens passieren unangenehme, frustrierende Dinge den Menschen, die so stark auf ihren Gewohnheiten, ihrem gewohnten Umfeld und ihren Routinen und Denkweisen beharren, dass sie niemals freiwillig aus der Komfortzone austreten würden, weil der Bedarf für sie nicht da ist. Die Mühe, die Anstrengung und die Arbeit, die dahintersteckt wäre manchem Menschen viel zu viel, und deshalb kommt irgendwann das liebe Universum um die Ecke und sorgt dafür, dass dein Leben dich frustriert und dass du extrem unangenehme Situationen erlebst, die dich dazu zwingen, deine Sichtweise zu ändern.

Von der Komfortzone geht es dann rein in die Angstzone und die ist erst recht unangenehm. Unser gesamtes System wird extrem getriggert und versucht uns zu blockieren. Ein klassischer Satz, der mir bei meinen Coaches begegnet, wenn es deep wird, ist »Ich weiß es nicht«, und hierbei darf ich dir für deine Selbstreflexion mitgeben: »Ich weiß es nicht«, bedeutet in vielen Fällen, dass dein Inneres etwas vertuschen möchte und nicht möchte, dass genauer hingesehen wird. Jedes Mal, wenn du dir bei der inneren Schattenarbeit »Ich weiß es nicht« denkst, darfst du deinen Fokus vor allem auf diese Themen legen und tief tauchen, um sie aufzulösen.

Die Angstzone wird dich herausfordern, und hier passiert es auch gerne, dass du dich wieder zurück in die Komfortzone manövrierst. Ja, es macht Angst, dich mit deinen verletzten Anteilen zu beschäftigen und in der Vergangenheit herumzuwühlen auf der Suche nach Erklärungen für deine jetzige Situation. Es macht deshalb Angst, weil dein Unterbewusstsein weiß, dass immer mehr potentielle Verletzungen zum Vorschein kommen, je mehr du wühlst, und unser Inneres möchte die verletzenden Erfahrungen natürlich am liebsten nicht noch einmal, vielleicht sogar noch zweimal durchmachen. Doch ist es auch die Zone, durch die du durchmusst, um Erfahrungen und Learnings zu machen. Nur wenn du durch deine Ängste hindurchgehst, kannst du aus ihnen lernen. Sieh deine Ängste hierbei bitte nicht als etwas an, das verschwinden muss, sondern als etwas, das dich vor weiteren Verletzungen beschützen möchte.

Du darfst bei der Arbeit an dir selbst deine Angst in die Hand nehmen und mit ihr gemeinsam in Richtung Lernzone gehen, denn die macht richtig Spaß. In der Lernzone lernst du, dass du dir selbst unglaublich vertrauen kannst.

Du machst hier so viele neue Erfahrungen, lernst neue Wege kennen und erlebst zum ersten Mal einen riesigen Fortschritt, und dieser Fortschritt bringt dich in die Wachstumszone in der du, wie der Name schon sagt, an alldem, was du durchgemacht, aufgearbeitet, aufgelöst und transformiert hast, über dich hinauswächst.

Du kommst deinen Zielen immer näher und findest einen Sinn für dich und dein Leben. Dann wiederum beginnt eine neue Komfortzone, aus der du ebenfalls irgendwann, wenn es unangenehm und unbequem wird, rauswachsen darfst.

Du darfst für dich verstehen, dass du immer die Möglichkeit hast, aus deinen gewohnten Routinen auszubrechen – und zwar schon jetzt, auch wenn gerade alles in deinem Leben »passt«. Und das immer wieder, in jedem Bereich deines Lebens. Ich liebe es, Neues zu lernen, mir neue Skills anzueignen, neue Ausbildungen zu machen, Podcasts anzuhören und YouTube-Videos anzusehen, die mich wirklich weiterbringen und mit denen

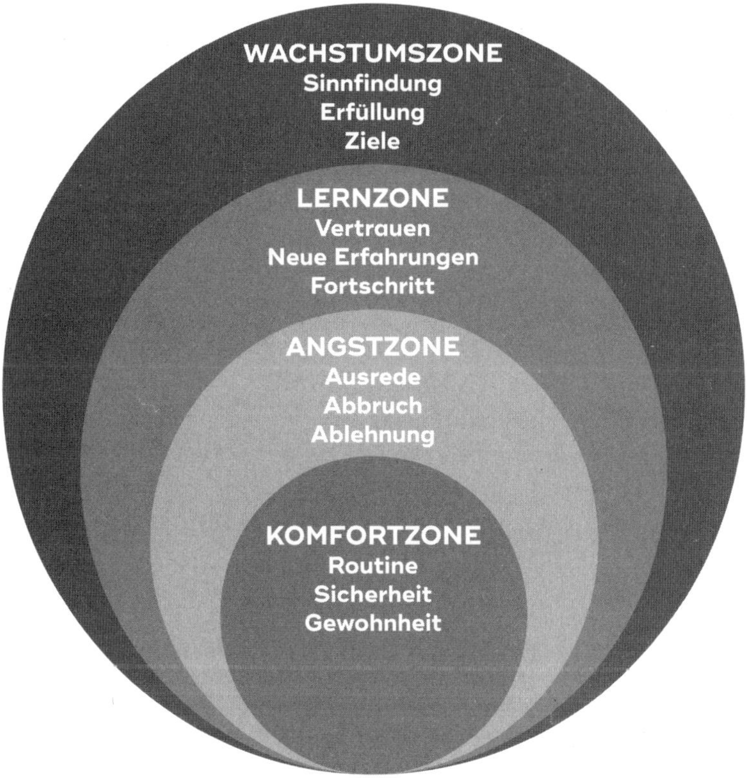

ich mich selbst immer wieder aus meiner aktuellen Komfortzone herauslocken kann. Und vielleicht fragst du dich jetzt, was du überhaupt tun kannst, um aus deiner Komfortzone herauszukommen. Vielleicht gibt es für dich aktuell gar nichts, worauf du hinarbeitest, und du bist grundsätzlich zufrieden mit deinem Leben. Lass mich dich etwas fragen: Zufriedenstellend wäre in der Schule die Note Drei – willst du deinem Leben eine Drei geben, wenn du weißt, dass eigentlich auch eine Eins möglich wäre? Willst du dich nicht selbst herausfordern und dein Leben zu einer Eins machen? So viele Menschen sind einfach nur zufrieden mit ihrem Leben, obwohl sie so vieles eigentlich gerne ganz anders hätten. Hierbei glauben sie, dass das in ihrem Leben einfach nicht möglich sei, und das ist ein tief verankerter Glaubenssatz, der, wenn du ihn nicht selbst aufarbeitest, von deinem Universum so sehr gefordert werden wird, dass du dazu gezwungen bist, alles in deinem Leben möglich zu machen. Bitte warte nicht darauf, dass die Umstände so schlimm werden, dass du nicht mehr anders kannst, sondern beginne, deine Entdeckerfreude und deine Lernfreude wieder zu entfachen und dich immer weiterzuentwickeln von alldem, was dir auferlegt wurde.

JOURNALFRAGEN

1. In welcher Zone befindest du dich gerade?

2. Was bedeuten die jeweiligen Zonen für dich?

3. Wie möchte dein Universum aktuell dafür sorgen, dass du aus deiner Komfortzone ausbrichst?

4. Welcher Bereich deines Lebens darf transformiert werden?

5. Wie kannst du den Prozess in die Wachstumszone beschleunigen?

6. Welche Ängste darfst du endlich überwinden?

Du darfst lernen, wieder an dich zu glauben

Unser Unterbewusstsein besteht aus Glaubenssätzen. Glaubenssätze entstehen anhand der Erfahrungen, die du in deinem Leben machst. Hast du zum Beispiel einmal die Erfahrung gemacht, dass du etwas leisten musstest, um geliebt zu werden, kann es sein, dass sich der Glaubenssatz »Ich muss leisten, um geliebt zu werden« in deinem Unterbewusstsein verankert hat. Anhand unserer Glaubenssätze sehen wir die Welt und formen unsere Realität. Es gibt blockierende, negative Glaubenssätze, aber natürlich auch positive, ressourcenvolle Glaubenssätze. Das, woran du glaubst, wird in deinem Leben wahr werden, denn unser Unterbewusstsein sucht immer nach Beweisen für unseren Glauben. Glaubst du zum Beispiel, dass du ein interessanter Mensch bist, wird dein Unterbewusstsein nach Beweisen dafür suchen, dass du interessant bist, und daraufhin auch die Erfahrung machen, dass Menschen dich interessant finden.

Glaubst du aber zum Beispiel, dass du eher langweilig bist, wirst du auch genau dafür Beweise und Erfahrungen in dein Leben ziehen. Das große Geheimnis unseres Lebens liegt darin, dass alles zuerst in unserem Kopf entsteht. In unserem Geist, besser gesagt. Wenn du diese Erkenntnis wirklich wahrnimmst, wirst du verstehen, dass all das, was du bisher über dich, deine Selbstliebe, deinen Selbstwert, die Liebe, Geld und andere Themen gelernt hast, deine heutige Realität geformt hat. Dein Glaube daran, was für dich in deinem Leben möglich ist, macht bestimmte Erfahrungen erst überhaupt möglich. Wenn du niemals an dich glaubst, wenn du niemals glaubst, dass es für dich möglich ist, dich selbst zu lieben, einen erfüllenden Job zu finden oder die wahre Liebe kennenzulernen, wird all das auch nicht eintreten.

Du hast so eine riesige und unglaubliche Macht mit deinem Geist – du erschaffst damit deine ganz eigene Realität. Wenn du verstehst, wie wichtig es ist, in der Tiefe an dich und deine Träume zu glauben und dir zu erlauben, all das in dein Leben zu ziehen, wirst du all den Schmerz der Vergangenheit vergessen. Wir stecken uns unser Leben lang in Schubladen und versuchen, weil wir es von klein auf so gelernt haben, jedem zu gefallen. Wir möchten, dass uns jeder liebt, und lieben uns selbst nicht. Wie sollen andere Menschen und das Universum an uns glauben, wenn wir es selbst nicht tun? Dir zu erlauben, wieder groß zu träumen, und dir zu erlauben, deine Vergangenheit hinter dir zu lassen, ist einer der Schritte, die ich dir aus tiefstem Herzen empfehle, um wahrhaftiges Glück in deinem Leben zu verspüren.

Weißt du, früher wurde mir so oft gesagt, ich sei zu viel und zu laut, und ich habe so lange versucht, mich in irgendeine Schublade zu stecken und mich der Welt und allen Menschen um mich herum anzupassen. Ich habe meinem inneren Kind, der kleinen Bettina mit den kurzen blonden Haaren, großen Augen und vollen Lippen, die immer Spaß am Leben hatte, verboten, so zu sein. Ich habe mir selbst verboten, alles auszuleben, was »zu viel« für andere war, um mich anzupassen. Seit ich begonnen habe, mich mit mir und meiner Persönlichkeit zu beschäftigen, erlaube ich mir immer mehr, wieder zu meinem Ursprung zu finden. Zu meiner kindlichen Freude, die gerne im Regen tanzt, die laut lacht, wenn irgendetwas komisch ist, und die all ihre Emotionen zeigt und auslebt.

Wir verstecken so oft unsere Gefühle und unsere Träume, aus Angst, wir könnten dann ausgelacht oder nicht gemocht werden, und am allermeisten tun wir es, weil wir verlernt haben, an uns zu glauben und uns Raum zu geben. Weil wir gelernt haben, unsere Gefühle in eine Ecke zu schieben, und uns abgehärtet haben, um anderen zu gefallen. Dir selbst die Erlaubnis zu geben, jeden Tag ein neuer Mensch zu sein, wird dich innerlich frei machen, weil du aufhörst, auf die Wertung anderer so viel zu geben. Dir selbst die Erlaubnis zu geben, dich jeden Tag zu wandeln, dich jeden Tag neu zu entdecken und jeden Tag deiner höchsten Freude zu folgen, wird dein ganzes Leben verändern, das verspreche ich dir. Vielleicht fragst du dich jetzt: »Was ist meine allerhöchste Freude? Was macht mir wirklich Spaß?« – dann mach einen Self-Check-in und frage dich, was dir gerade in deinem Leben keine Freude macht. Wir sind so oft so viel damit beschäftigt, Dinge zu tun, von denen wir glauben, dass wir sie tun müssen, eben weil wir es so gelernt haben, sodass die Freude überhaupt keinen Platz in unserem Leben hat.

Die Freude kann keinen Platz einnehmen, wenn alle Plätze mit Dingen besetzt sind, die du nur tust, weil du selbst glaubst, sie tun zu müssen. Weil du glaubst, sie sein zu müssen. Mach Platz in deinem Universum für den Glauben an dich selbst, für deine Bedürfnisse und für Dinge, die dir wirklich Spaß machen. Erlaube dir, die

Dinge anders zu sehen, als du sie bisher gesehen hast. Erlaube dir, dein Leben anders zu leben, als du es bisher gelebt hast. Erlaube dir, es anders zu machen als deine Vorfahren, erlaube dir, neue Wege zu gehen und neue Denkweisen in dein Leben zu lassen. Erlaube dir, für all die Generationen nach dir, den gesunden und emotional freien Weg zu wählen. Erlaube dir, andere Menschen zu enttäuschen, aber erlaube dir niemals wieder, dich selbst zu enttäuschen. Erlaube dir, dein inneres Kind herauszulassen und deine kindliche Entdeckerfreude wieder zu leben. Erlaube dir eine wahre Verbindung zu deinem inneren Universum. Erlaube dir, wahrhaftig du zu sein.

JOURNALFRAGEN

1. Wann, wo und bei wem versuchst du heute jemand zu sein, der du nicht bist?

2. Wann glaubst du besonders an dich?

3. In welchen Situationen glaubst du nicht an dich?

4. Was würdest du tun, wenn du wahrhaftig an dich selbst glauben würdest?

5. Was lässt dich nicht an dich glauben? Und welche »Beweise« kreiert dein Unterbewusstsein dafür im Außen?

LIES DAS DEINEM INNEREN KIND VOR:

Hallo, mein wunderschönes, kleines, inneres Wesen. Mein geliebtes inneres Kind. Es tut mir so leid, dass ich dich so lange Zeit vergessen habe, doch jetzt bin ich hier und richte diese Zeilen an dich. Ich weiß, wie schwierig das alles für dich ist, und ich möchte dir zuerst einmal sagen, wie leid es mir tut, dass ich mich nur ums Erwachsenwerden gekümmert und dich dabei völlig außer Acht gelassen habe. Bitte verzeih mir, dass wir uns so schnell um so große Entscheidungen kümmern mussten, ohne dass ich deine Meinung berücksichtigt habe. Deine Meinung ist genauso wichtig, und ich weiß jetzt, dass du einfach von mir gehört werden möchtest. Danke, dass es dich gibt. Danke, dass du aus mir den Menschen gemacht hast, der ich heute bin. Ich liebe deine laute Art, deine Lebendigkeit und dass du absolut immer dein Bestes gibst. Danke, dass du so lange durchgehalten hast und dass du so lange stark für mich warst.

Ab heute bin ich für dich da, und ich werde immer hinter dir stehen und dich nicht länger verstecken. Weißt du, es muss nicht immer alles perfekt sein. Du musst nicht perfekt sein. Und du darfst auch um Hilfe bitten, wenn dir etwas schwerfällt. Du bist genau so, wie du bist, absolut einzigartig und richtig! Es tut mir so leid, dass ich das erst jetzt erkenne. Du darfst traurig und wütend sein und vor allem darfst du deine Gefühle zeigen. Du darfst zeigen, wenn dich etwas verletzt, und du darfst zeigen, wenn dich etwas glücklich macht. Ich höre dich! Ich beschütze dich. Ab heute verspreche ich dir, dass wir beide ein starkes Team sind und dass ich dir immer meine volle Aufmerksamkeit schenken werde. Ich liebe dich von ganzem Herzen und du bist mein wertvollster Schatz! Ich liebe dich und du wirst geliebt. Für immer.

ÜBUNGEN, DIE DEIN INNERES KIND AUFLEBEN LASSEN:

- ✦ Im Regen tanzen
- ✦ In Pfützen springen
- ✦ Regenbogen suchen
- ✦ An Blumen schnuppern
- ✦ Seifenblasen blasen
- ✦ Sandburgen bauen
- ✦ Rückwärts laufen (Im Hopserlauf!)
- ✦ Kinderbücher lesen
- ✦ Auf Fotos Grimassen schneiden
- ✦ Den größten Eisbecher kaufen und verschlingen
- ✦ Auf (ein paar) »Regeln« pfeifen
- ✦ Etwas zeichnen, was nur in deiner Fantasie existiert. Mandala malen, zu lauter Musik durch das Zimmer hüpfen
- ✦ Schräg zu deinem Lieblingssong singen und einfach tanzen, wie es sich gut anfühlt
- ✦ (Fuß-)Ball spielen
- ✦ Im selben Moment lachen und weinen
- ✦ Die tolle Rutsche auf dem Spielplatz herunterrutschen
- ✦ Mit jemanden Fangen spielen
- ✦ Dir Wasserpistolen kaufen und eine Wasserschlacht machen
- ✦ Träumen: Lege dich ins Gras, betrachte den Himmel und lass deinen Tagträumen freien Lauf
- ✦ Mit Tieren sprechen
- ✦ Einen Baum umarmen
- ✦ Den Himmel und die Wolken anstarren
- ✦ Lieder anhören, die dich an deine Kindheit erinnern
- ✦ Ein Essen aus deiner Kindheit kochen, welches dir besonders gut schmeckt

PLATZ FÜR DEINE NOTIZEN

Liebe dich im Hier und Jetzt: die Gegenwart

Self-Love- Playlist

- ✦ Cool mit mir selbst – Culcha Candela
- ✦ Strip – Lena
- ✦ Ich darf das – Shirin David
- ✦ I Am Woman – Emmy Meli
- ✦ Who Says – Selena Gomez
- ✦ Energy – Tyla Jane
- ✦ Hör auf deinen Bauch – Sarah Connor
- ✦ Ich flieg los – Leslie Clio
- ✦ Das Heiligste der Welt – Berge
- ✦ Young Queen – Mimoza
- ✦ Mirror – Chiara Castelli
- ✦ Keine Tränen – Badmómzjay
- ✦ Made You Look – Meghan Trainor
- ✦ Flowers – Miley Cyrus
- ✦ Gold – Loi

Wir alle wollen gemocht werden

Als Kind ist es unser grundlegendes Bedürfnis, zu lieben und geliebt zu werden. Wenn ich mich an früher erinnere, dann weiß ich, dass es mir unglaublich wichtig war, zu spüren, dass meine Eltern mich lieb haben. Natürlich ist mir das heute auch noch wichtig, heute verbinde ich damit aber viel weniger meine Leistung als mein Sein. Heute weiß ich, dass es unabhängig von meiner Leistung ist, ob meine Eltern mich lieben. In meinem Leben gab es viele Momente, in denen ich Angst hatte, meine Eltern zu enttäuschen.

Die erste Beziehung, die ich in den Sand gesetzt hatte, obwohl mein damaliger Freund für meine Eltern das »Nonplusultra« war. Mein Vollzeitjob, den ich gekündigt habe, weil er mich emotional alle Kraft gekostet hat und ich endlich aus dem toxischen Arbeitsverhältnis ausbrechen wollte. Ich dachte, ich würde sie unglaublich enttäuschen, wenn ich ihnen sage, dass ich mich selbständig machen möchte, vor allem selbständig als Coach. Als ich ihnen damals erzählt habe, dass ich einfach nicht mehr weiterweiß und mit meinen Kräften am Ende bin, bin ich in Tränen ausgebrochen, aus Angst, ich würde sie maßlos enttäuschen. Ich habe Glaubenssätze wie »Erst die Arbeit, dann das Vergnügen« mitbekommen und mir wurde in der Schule oft genug gesagt, dass man hart arbeiten muss, um später ein glückliches Leben zu haben. Die Kündigung war außerhalb allem, was ich gelernt habe, und da es außerhalb meiner Komfortzone lag, hat es mir unglaubliche Angst gemacht. Meine Eltern haben mich damals in den Arm genommen und mir gesagt, dass sie mich immer unterstützen werden, egal was ich mache. Ich kann mich an das Gefühl erinnern, als wäre es gestern gewesen. Die Last, die mir von den Schultern gefallen ist, weil ich wusste: »Ich bin ja doch genug für sie«, hat mich sehr, sehr glücklich gemacht. Wir alle sehnen uns stets nach Liebe und Bindung. Als Kinder sehnen wir uns nach der Liebe unserer Eltern.

Wir wollen, dass sie uns lieb haben, wir wollen Freunde finden, wir wollen gemocht werden. Ab irgendeinem Zeitpunkt lernen wir aber, dass diese Liebe nicht bedingungslos ist. Wir lernen, dass wir etwas leisten müssen, um geliebt zu werden. Wir sollen perfekte Noten schreiben, nur dann ist man stolz auf uns. Schreibt man eine schlechte Note, kommt wieder der Vergleich mit anderen Kindern aus der Klasse. Ich glaube, jeder von uns wurde schon einmal gefragt, welche Noten denn die Klassenkameraden haben.

Gleichzeitig haben wir uns alle geärgert, wenn wir gefragt haben, ob wir ausgehen dürfen, weil andere auch ausgehen dürfen, und dann gesagt wurde: »Du bist aber nicht die anderen.« Wir sollen unser Zimmer aufräumen, nur dann sind wir brav und lieb. Wenn wir in unserem Zimmer keine Ordnung halten können, sind wir undankbar und frech. Dass das Chaos in unserem Zimmer meistens nur das Chaos in unserem Kopf widerspiegelt, weil unser Hirn ständig wächst und ständig neue Gefühle ans Tageslicht kommen, mit denen wir als Kind beziehungsweise als Jugendlicher maßlos überfordert sind und die wir meistens nicht kommunizieren können, weil uns nie beigebracht wurde, über tiefe Gefühle zu sprechen, wird meist vergessen. Vielleicht fragst du dich nun, warum das so ist. Warum sind unsere Eltern so streng mit uns? Warum geben sie uns bestimmte Glaubenssätze mit, obwohl uns diese Glaubenssätze später so sehr im Weg stehen?

Es ist so: Unsere Eltern sind die Kinder der Kriegskinder. Unsere Eltern hatten meist Eltern, denen sie es nie recht machen konnten. Die Eltern unserer Eltern haben ihnen gelehrt, Gefühle zu unterdrücken und keine Verletzlichkeit zu zeigen, zu funktionieren und niemandem zu vertrauen. Die Eltern unserer Eltern hatten meist große Lebensangst und ein enormes Sicherheitsbedürfnis, und genau das wurde eben unseren Eltern auch weitergegeben. Ganz oft kommt es nun vor, dass auch wir das so von unseren Eltern gelernt haben. Dass das Leben hart ist, man niemandem wirklich vertrauen kann und man hart arbeiten muss, um später etwas vom Leben zu haben.

Jedoch haben wir heute eine völlig andere Zeit und anstatt einfach nur »gut zu funktionieren«, ist es unglaublich wichtig geworden, Gefühle zu kommunizieren. An dieser Stelle möchte ich erwähnen, dass das absolut kein Vorwurf an unsere Eltern, Großeltern und Urgroßeltern sein soll.

Es ist absolut nachvollziehbar, wieso diese Lebensangst all diese Generationen so geprägt hat. Unsere Eltern und ihre Vorfahren wussten es nicht besser, und das ist absolut in Ordnung so! Und genau jetzt ist die Zeit angebrochen, in der wir beginnen dürfen, das Gegenteil zu tun! In der aus »Vertraue niemandem« ein »Öffne dich für wahre Gefühle« werden darf. Aus »Lass dein inneres Kind doch einfach schreien« darf ein »Beachten seine Gefühle« entstehen. All das können wir nur dann schaffen, wenn wir uns selbst mit unseren emotionalen Verletzungen auseinandersetzen. Wenn wir heilen, können wir unsere Eltern heilen, können unsere Kinder heilen und können in dieser Welt unglaublich viel bewirken. Es ist wichtig geworden, an sich selbst zu arbeiten, und es ist wichtig geworden, zu verstehen, dass man eben nicht mehr von jedem gemocht werden muss. Es ist wichtig geworden, sich nicht mehr unter Wert zu verkaufen, und es ist wichtig geworden, an sich selbst zu arbeiten, um den Generationen nach uns andere, positivere Glaubenssätze mitzugeben. Den ewigen Kreislauf zu durchbrechen. Ich finde es immer interessant, wenn es heißt, dass die »Jugend heutzutage« nicht mehr arbeiten möchte, nichts mehr »leisten« möchte und nur noch faul ist.

Dabei ist das, was die »Jugend heutzutage« macht, genau der Grund, aus dem wir Coaches unsere Arbeit machen. Diese Generation jetzt verkauft sich nicht mehr unter Wert. Die Stellenausschreibungen, wo ein »schönes Großraumbüro« angeboten wird, sind längst nicht mehr das, was die Generation heute möchte. Aus dem einfachen Grund, dass die Gen-Z beginnt, den Wert ihrer Zeit zu erkennen. Sie beginnt zu erkennen, was es heißt, für die Träume anderer Menschen zu arbeiten. Sie beginnt zu erkennen, dass es so viel mehr wert ist, Teile dieser wunderschönen Erde mit wenig Budget zu entdecken, als ihr Leben lang in einem »schönen Großraumbüro« zu sitzen. Dass es so viel mehr gibt im Leben, als tagein, tagaus seine Zeit für etwas aufzuopfern, was man im tiefsten Herzen nicht machen möchte. Ich liebe die Gen-Z für diese Arbeit. Ich liebe es, dass junge Menschen beginnen zu verstehen, dass die einzige Sicherheit, die es im Leben gibt, die Sicherheit ist, die man im eigenen Herzen und in sich selbst entdeckt. Nur du selbst kannst dir die größte Sicherheit geben. Du entscheidest heute mit deinen Gedanken, ob du dich sicher fühlst oder nicht. Du entscheidest, ob du deinem Verstand die Macht gibst, ständige Zukunftsängste zu erzeugen, die nicht real sind, oder ob du beginnst, das Leben im Hier und Jetzt völlig auszukosten. Es ist so wichtig, dass du verstehst, dass die Zeiten, in denen du von allen gemocht werden wolltest, endlich vorbei sein dürfen. Denn der einzige Mensch, der dich in deinem Leben wirklich mögen, ja lieben soll, bist du selbst. Ich möchte hiermit nicht sagen, dass der einzige Mensch, auf den du dich am Ende verlassen kannst, immer du selbst bist, denn auch das ist ein negativer Glaubenssatz. Ich möchte damit sagen, dass es am Ende so oder so egal ist, was du dein Leben lang getan hast, solange du im Herzen wahrhaftig glücklich damit bist. Es gibt Studien, in denen Menschen am Sterbebett befragt wurden, was sie am meisten in ihrem Leben bereuen, und diese Menschen haben allesamt Sätze gesagt wie:

- **»Ich bereue es, nie meine Wahrheit gesagt zu haben und immer das getan zu haben, was andere von mir verlangt haben.«**
- **»Ich bereue es, mein Leben nicht mehr ausgelebt zu haben und dass ich nie das getan habe, wonach mein Herz sich gesehnt hat.«**

Am Ende deines Lebens wird es niemanden interessieren, wie nett du immer zu anderen warst, wie sehr du dich immer angepasst hast und wie brav du gearbeitet hast. Am Ende deines Lebens wird es aber DICH interessieren, was du mit deinem Leben gemacht hast. Wenn du dein Leben immer nach der Vorstellung anderer Menschen lebst, vergisst du einen ganz großen Aspekt: Es ist *dein* Leben. Und nicht das Leben anderer.

Deshalb ist es wichtig, rauszugehen und das zu tun, wonach sich dein Herz, die Tiefen deiner Seele, dein inneres Universum sehnt. Auch wenn es noch so verrückt ist.

JOURNALFRAGEN

1. Was musstest du zu Hause erledigen, um die Aufmerksamkeit und Liebe deiner Eltern zu bekommen?

2. Was würdest du eigentlich gerne in deinem Leben tun, tust es aber nicht, weil es nicht in das Bild der Gesellschaft passt?

3. Was machst du in deinem Leben, um von anderen gemocht zu werden?

4. Was willst du eigentlich in deinem Leben tun?

Selbstliebe als Fundament

Als ich am Tag meiner Gedankenwende vor dem Spiegel stand und mir bewusst wurde, dass ich mich weder selbst kenne noch selbst liebe, habe ich mich gefragt, wie ich das überhaupt ändern kann. Wie kann ich mich denn selbst lieben? Was ist der erste Schritt? Was muss ich tun, um endlich in den Spiegel schauen zu können und den Menschen wahrhaftig zu lieben, der sich in diesem Spiegel zeigt? Der erste Schritt ist, dir bewusst zu werden, dass manches ganz anders ist, als du gedacht hast. Und anzunehmen, dass du die Teile von dir, die du selbst nicht magst, Teile deines Körpers, deiner Seele und deiner Gedanken, nicht mögen kannst, weil du sie viel zu wenig kennst.

Und um dies annehmen zu können, ist es in erster Linie ausschlaggebend, dich selbst so zu akzeptieren, wie du bist. Eine Bestandsaufnahme dessen zu machen, was du da im Spiegel siehst. Zu akzeptieren, was du liebst, aber auch zu akzeptieren, was du ändern möchtest und möglicherweise sogar ändern kannst, oder eben nicht. Weißt du, wir schauen so oft in den Spiegel und mögen uns selbst nicht aufgrund der Glaubenssätze, negativen Gedanken und Weltanschauungen, die so tief in uns verankert sind. Wir entscheiden einfach, uns nicht gernzuhaben, und beschäftigen uns gar nicht näher damit. Wir haben ständig irgendetwas auszusetzen, ständig gefällt und dieses oder jenes an uns selbst nicht. Wir hätten gerne größere oder kleinere Brüste, einen größeren oder kleineren Po, längere Wimpern, vollere Lippen. Automatisch führen wir ein negatives Selbstgespräch und verurteilen uns dafür, das Fitnessstudio-Abo nie zu nützen. In diesem Moment, in dem das negative Selbstgespräch stattfindet, kann keine Liebe entstehen. Dein negatives Selbstgespräch ist der Dialog, der in deinem Kopf stattfindet. Bestimmt kennst du die nervige Stimme in dir, die dir immer wieder einmal sagt, dass du nicht schön oder nicht klug genug bist. Diese Stimme in deinem Kopf ist, wie du bereits weißt, ein Anteil von dir. Dein Verstand. Sie resultiert meist aus deinem inneren Team, also entweder spricht dein Ego, dein inneres Kind, dein innerer Kritiker, deine innere Mama, dein innerer Papa oder ein anderer Anteil in dir. Es ist wichtig für dich, zu wissen, dass diese innere Stimme nur ein Teil von dir ist und nicht *du* als Person. Es ist wichtig, dass du Abstand zu dieser Stimme nimmst. So kannst du nämlich die Beobachterfunktion einnehmen und einmal genau beobachten, was diese Stimme denn den lieben langen Tag so zu dir sagt. Wie du bereits weißt, handeln und fühlen wir zu 95 Prozent unseres Alltags anhand dieser Stimme und geben ihr die Macht, unser gesamtes Leben zu formen. So oft manifestieren wir eine mangelnde Selbstliebe und einen mangelnden Selbstwert, weil wir glauben, dass die innere Stimme, die zu uns sagt, dass wir nicht schön genug sind, dass wir dickere Lippen brauchen oder größere Brüste, wir selbst sind. Wir identifizieren uns mit ihr. Um also in die Selbstakzeptanz zu kommen, darfst du dieser inneren Stimme nicht mehr so viel Raum geben. Stell dir diese innere Stimme als Person vor. Wie lange würdest du einen Menschen diese gemeinen Dinge zu dir sagen lassen? Wahrscheinlich nicht lange. Warum dann also nicht gleich unser negatives Selbstgespräch beenden?

JOURNALFRAGEN

1. Wenn du in dich hörst – was sagt deine innere Stimme gerade in diesem Moment?

2. Kannst du dich an typische Sätze in deinem Alltag erinnern, die diese Stimme in deinem Kopf zu dir sagt? Was muss ich tun, um meine eigene Selbstliebe zu fördern?

3. Was bewunderst du an dir selbst?

4. Was musst du tun, um deine Selbstliebe zu fördern?

5. Wie sieht Selbstliebe für dich aus?

6. Was hindert dich immer wieder daran, dich selbst zu lieben?

7. Wie kannst du dir selbst mehr Mitgefühl entgegenbringen?

8. Was musst du tun, damit du anfängst, dich selbst zu respektieren?

9. Was würdest du tun, wenn ich mich selbst wahrhaftig lieben würde?

ÜBUNG

Führe deine Hände zueinander und stelle dir vor, wie sich deine innere Stimme als Teilchen in deiner Hand zeigt. Sieh dir diesen Anteil von dir genau an. Wie sieht er aus? Ist es eine Person? Ist es eine Form? Was trägt diese Person? Welche Farbe hat die Form? Wie groß ist dieser Anteil in deiner Hand? Wer ist dieser Anteil in dir? Wie sieht diese Stimme in deinem Kopf aus?
Sieh sie dir ganz genau an und höre ihr ganz genau zu. Was spricht diese innere Stimme? Welche Sätze, die du schön öfter gehört hast, sagt sie? Erkenne diesen Anteil von dir liebevoll an. Begrüße ihn, und bedanke dich, dass er hier ist. Sprich ihm auch gerne ein Lob aus, dass er so laut ist und so viel Macht hat. Das ist eine tolle Stärke! Frag diesen Anteil gerne, was er da-

mit bezwecken möchte, dass er so laut ist. Wahrscheinlich kommt als Antwort, dass er deine Aufmerksamkeit möchte, denn genau das wollen diese lauten Anteile in uns. Sag diesem Anteil ganz bewusst, dass du nun hier bist und ihn anerkennst. Dass du ihm jetzt deine volle Aufmerksamkeit schenkst und dass es dir leidtut, dass du nicht schon früher hingehört hast.

Frag diesen Anteil jetzt gerne, was die positive Absicht hinter seinem lauten Gebrüll in dir ist. Was möchte dieser Anteil Positives bezwecken, wenn er dir negative Sätze an den Kopf wirft? Was ist das positive Ziel dieses Anteils?

Und wenn du herausgefunden hast, was die positive Absicht des Anteils ist, kannst du dich bedanken und ihm sagen, dass du jetzt verstanden hast, was er von dir möchte. Dass du jetzt genauer verstehen kannst, warum er immer so laut in dir ist, und dass du es stark von ihm findest, nicht aufgegeben zu haben. Indem du deine Anteile aus dir heraus in deine Handflächen bringst, kannst du einen emotionalen Abstand zu diesem Anteil schaffen.

Du kannst jetzt gerne den Anteil einladen, wieder in dein Herz zu tauchen und dabei deine Handflächen auf dein Herz legen. Frage dich jetzt, wie du in Zukunft mit diesem Anteil arbeiten kannst. Frage dich, wie du in Zukunft mit der Stimme in deinem Kopf ein positives gemeinsames Leben führen kannst, ohne dass du ihr ständig die Macht über jede Lebenssituation gibst. Wenn du das getan hast, kannst du deinem Alltag wieder nachgehen und dich in Situationen, in denen die Stimme in deinem Kopf wieder laut wird, immer wieder daran erinnern, dass sie nur ein Anteil von dir ist – nicht DU!

Akzeptiere dich, um andere zu akzeptieren

Die meisten Konflikte auf dieser Welt entstehen, weil jemand einem anderen seine Meinung aufdrücken will und diese Meinung als einzig wahre Wahrheit empfindet. Was du verstehen darfst, um dich emotional weiterzuentwickeln, ist, dass niemals alle deiner Meinung sein werden und dies auch nicht müssen.

Da wir alle eine andere Wahrnehmung dieser Welt haben, haben wir alle auch andere Meinungen und andere Ansichten. Diese Meinungen und Ansichten sind völlig individuell, denn so viele Menschen wie es auf der Welt gibt, so viele Meinungen und Ansichten gibt es auch. Früher habe ich immer versucht, alle Menschen um mich herum von meiner Meinung, von meinen Ansichten und von meinem Sein zu überzeugen. Ich dachte immer, wenn alle meiner Meinung sind und die Dinge genauso sehen wie ich, habe ich recht. Ich wollte recht haben, denn ich habe Recht haben mit Machthaben verbunden und wollte unterbewusst immer der »Sieger« sein.

Eine weitere Weltanschauung, die in vielen Unterbewusstsein tief verankert ist: Recht haben zu müssen, um gut genug zu sein. Ich habe geglaubt, dass ich dann gut genug bin, wenn ich Menschen dazu bewegt habe, meiner Meinung zu sein, und mich früher auf endlose Diskussionen eingelassen. Alles, was ich davon hatte, war, dass ich meistens noch schlechter gelaunt war als davor. Weißt du, dadurch, dass wir Menschen alle einzigartig und unterschiedlich sind, gibt es so unglaublich viele verschiedene Meinungen und Sichtweisen von Dingen, und meistens haben wir unsere eigenen Meinungen und Sichtweisen von irgendjemanden aus unserer Kindheit übernommen. Recht hat aber eigentlich niemand beziehungsweise jeder. Für jede Sichtweise, für jede Weltanschauung gibt es eine Gruppe von Menschen, die diese Sichtweise als die einzig wahre ansieht. Wer entscheidet nun, was war oder falsch ist? Wer entscheidet, welche Sichtweisen gut und welche Sichtweisen schlecht sind?

Richtig: Du ganz alleine, anhand von alldem, was du bisher in deinem Leben gelernt hast. Du siehst das, was du bisher kennst, die Weltanschauungen, die du dir angeeignet hast, als einzig richtige Wahrheit und urteilst nach diesem inneren System. Weißt du, du bekommst ein gefährliches Maß an emotionaler Freiheit, wenn du lernst, die Menschen so sein zu lassen, wie sie nun einmal sind. Wenn du verstehst und akzeptierst, dass du Menschen nicht ändern kannst, sondern nur ändern kannst, wie *du* diese Menschen und ihre Ansichten siehst. So viele Menschen stehen tagtäglich im ewigen Konflikt mit ihrem Inneren, weil sie einfach nicht verstehen können, warum jemand anderes so anders ist als sie selbst. Doch genau das ist es doch, was wir feiern sollten. Dass jeder Mensch einen dazu einlädt, Dinge anders zu sehen und anders wahrzunehmen. Durch andere Menschen erkennen wir doch erst, wer wir selbst sind. Begegnungen mit anderen Menschen haben eine wichtige Funktion: Ohne ein Gegenüber, das dich spiegelt und reflektiert, Gemeinsamkeiten und Unterschiede offenbart, kannst du nicht erkennen, wer du selbst bist.

Und du darfst auch verstehen, dass du dein Gegenüber nur so weit wahrnehmen kannst, wie es deine eigenen Erfahrungen und Einstellungen erlauben. Wir Menschen sehen in anderen Menschen nur einen Bruchteil, so wie andere Menschen auch nur einen Bruchteil von uns kennen. Wir sollten andere Menschen nicht dafür verurteilen, wer sie sind oder was sie denken, glauben und fühlen, denn wir kennen den Hintergrund nicht. Du solltest dich mit der Be- und Verurteilung anderer Menschen sehr zurücknehmen, denn deine Haltung zu diesen Menschen ist niemals neutral. Du kannst keinen Menschen neutral betrachten, denn durch das, was du dein Leben lang gelernt hast, und dadurch, wie du die Welt siehst, ist auch der Blick auf andere Menschen geprägt. Du be- und verurteilst andere Menschen nur, weil du der Meinung bist, dass deine Wahrheit auch ihre Wahrheit sein muss. Wenn du dich über andere aufregst, dich beklagst oder andere für ihr Verhalten verurteilst, regst du dich in Wahrheit über dich selbst auf. Du beklagst dich eigentlich über dich selbst und verurteilst dich selbst. Denn jeder Mensch, der dir begegnet, zeigt dir deine blinden Flecken. Jeder Mensch, dem du begegnest, ist ein Spiegel für dein Verhalten.

Überprüfe dies einmal genauer, wenn du dich wieder einmal über andere ärgerst: Es hat etwas mit *dir* zu tun – nicht mit dem anderen! Wenn du dich über andere aufregst, siehst du in ihnen Aspekte, die in dir ebenfalls vorhanden sind – die du jedoch meistens an dir selbst ablehnst. Ich kenne so viele Menschen, die andere Menschen für etwas verurteilen, weil sie »anders« sind. Doch wenn du dich fragst »Anders als was?«, wirst du als Antwort nur »Anders als sie es kennen« finden. Das ist eines der grundlegendsten Probleme dieser Welt, und jeder darf bei sich selbst beginnen, anzuerkennen, dass uns andere Menschen nur das in uns zeigen, was wir selbst sein/haben wollen. Wir Menschen können so viel voneinander lernen, wenn wir uns alle gegenseitig so sein lassen, wie wir nun mal sind, und uns auf uns selbst und unser inneres Universum fokussieren. Du kannst andere Menschen nur dann akzeptieren, wenn du dich mit deiner Vergangenheit und allem, was dir passiert ist, deinen Gedanken, Gefühlen, Glaubenssätzen und Sichtweisen selbst akzeptierst. Der Moment, in dem du beginnst, dich wahrhaftig selbst zu akzeptieren und deine Grundbedürfnisse selbst zu stillen, wird der sein, an dem du tiefe emotionale Freiheit und Selbstliebe erlangst. Das, wonach du dich so sehr sehnst.

JOURNALFRAGEN

1. Welche Menschen verurteilst du?

2. Was haben diese Menschen gemeinsam?

3. Was hat diese Person, was du dir selbst im tiefsten Innern wünschst?

4. Von welcher deiner Meinungen versuchst du, andere Menschen zu überzeugen?

5. Für was verurteilst du dich selbst?

6. Wie kannst du anfangen, freundlicher zu dir und anderen zu sein?

Die Geschichte, die wir uns tagtäglich erzählen

Das Einzige, was wirklich real ist, ist deine Gegenwart. Alles andere – deine Vergangenheit und deine Zukunft – existiert einzig und alleine in deinem Kopf. Immer wieder sehe ich, wie Menschen ihre Vergangenheit und ihre Zukunft aufmerksamer behandeln als das Hier und Jetzt. Sie leben entweder in der Vergangenheit, indem sie ständig den Schmerz von damals heraufholen und immer wieder erleben, oder sie leben in der Zukunft und machen sich ständig Sorgen darüber, was sein wird.

Vielleicht hast du dir jetzt während dem Lesen schon ein paarmal gedacht: »Na ja, aber das ist halt so«, oder »Ich bin halt so«, und ich verstehe dich total, dass du dir das denkst. Kein Wunder. Ich weiß zwar nicht, wie alt du bist, aber ich gehe davon aus, dass du dir mindestens seit zwanzig Jahren dieselbe Geschichte über dich erzählst. Dass du, wenn du über deine vergangenen Beziehungen sprichst, mindestens einmal verletzt worden bist und diese Beziehung der Grund dafür ist, wenn du heute jemandem nicht vertrauen kannst. Wusstest du, dass wir anhand unserer Gedanken unsere Gefühle formen können? Und dass unsere Gedanken und Gefühle einen Seinszustand ergeben? Das, was du also heute bist, ist eine Manifestation dessen, was du seit Jahrzehnten glaubst und fühlst. Dass so viele Menschen sich nicht selbst lieben, dauerhaft schlecht gelaunt sind und keine Freude am Leben haben, liegt meistens daran, dass die Geschichte, die sie sich tagtäglich über sich selbst erzählen, immer wieder manifestiert wird. Wenn du dir immer wieder erzählst, dass du wegen deinem Ex-Freund niemandem vertrauen und deshalb auch keine neuen Beziehungen führen kannst, machst du deine Vergangenheit immer wieder zu deiner Zukunft, denn du erschaffst jedes Mal dieses Gefühl und die Handlung des »nicht vertrauen können« in deiner jetzigen Realität. Wenn du dir immer wieder sagst, dass du deinen Körper noch nie mochtest, weil du damals dafür gemobbt worden bist und du deshalb nie gelernt hast, dich selbst zu akzeptieren, wirst du deinen Körper auch nie mögen und dich selbst nie akzeptieren können. Und noch dazu wirst du mit jedem Mal, mit dem du diese Geschichte jemandem erzählst, die gleichen Gefühle erschaffen, die du damals gefühlt hast, und mit diesen Gedanken und Gefühlen manifestierst du weitere Gedanken und Gefühle, die in diese Richtung gehen.

Nicht nur dein Selbstgespräch, welches du den ganzen Tag führst, sondern auch die Geschichte, anhand der du dein Selbstgespräch führst, muss beobachtet werden. Deine Gedanken und Gefühle hängen mit der Geschichte aus deiner Vergangenheit zusammen, weil das alles ist, was du kennst. Wenn du eine Veränderung in deinem Leben haben möchtest, musst du neue Gedanken und neue Gefühle erschaffen, und das kannst du nur dann, wenn du aufhörst, den Blick auf deine Vergangenheit oder deine Zukunft zu richten und völlig im Hier und Jetzt ankommst. Es wird Zeit, die Geschichte, die du dir über dich selbst erzählst, endlich umzuschreiben. Wenn du also jemand Neues kennenlernst, ist es absolut nicht wichtig, was dir in der Vergangenheit passiert ist und was er in der Vergangenheit erlebt hat. Es ist dafür umso wichtiger, wie du über diese vergangenen Situationen denkst und ob du sie immer wieder in deinem Leben kreierst. Was ich verstanden habe, als ich versucht habe, mein Leben umzukrempeln, ist, dass ich meine Vergangenheit als Anteil von mir ansehen darf, aus dem ich Learnings ziehen kann. Ich habe früher immer wieder die Scheidung meiner Eltern dafür verantwortlich gemacht, dass ich so bin wie ich bin, dass ich so tiefen Schmerz in mir spüre und so viele negative Gedanken habe. Und dass ich das nicht ändern kann, da das alles mir nun einmal passiert ist und »nun einmal so ist«. Und das stimmt grundsätzlich, ich kann meine Vergangenheit nicht ändern.

Aber in meinen früheren Beziehungen und vor allem in der Beziehung zu mir selbst habe ich die Scheidung meiner Eltern immer als Ausrede für mein ungünstiges Verhalten verwendet. Ich wollte schlicht und einfach keine Verantwortung für mein Leben übernehmen und habe daher meine Vergangenheit als Ausrede für alles genutzt. Und ich könnte heute noch sagen: »Ich liebe mich selbst nicht, weil ich in der Grundschule gemobbt wurde.« Somit würde ich meine Vergangenheit wieder zu meiner Zukunft machen. Ich habe mich aber für einen anderen Weg entschieden. Ich habe für mich entschieden, dass das Mobbing ein Teil meiner Vergangenheit ist und kein Teil meiner Zukunft mehr sein wird. Und das entscheide ich jeden Tag aufs Neue, denn meine täglichen Entscheidungen formen meine Zukunft. Meine Entscheidungen, ob ich den vermeintlichen »Problemen« in meinem Leben das Rampenlicht gebe oder mich selbst ins Rampenlicht stelle, ist einzig und alleine meine Entscheidung. Und genau diese Entscheidungen, alte Geschichten, die mich verletzt haben, loszulassen, braucht es, um für neue, gute, berührende, positive Geschichten Platz zu machen. So viele Menschen wollen tagtäglich ihr Leben umschreiben, wollen Neues, Positives erleben, haben aber in ihrem Leben gar keinen Platz, um neue Geschichten zu erschaffen, weil ihr ganzes Leben voll ist mit alten Geschichten. Stell dir dein Leben anhand einer Gästeliste vor. Diese Gästeliste ist voll mit Geschichten und Menschen aus der Vergangenheit, und du setzt sie zu jeder Party erneut auf deine eigene, private Gästeliste. Stell dir jetzt vor, du lernst jemand Neues, Positives kennen, erschaffst mit ihm eine positive Geschichte und möchtest ihn auch zu der Party deines Lebens einladen. Kannst du aber nicht, weil deine Gästeliste bereits voll ist. Das heißt, du musst jemanden von dieser Liste streichen, um Platz für denjenigen zu machen, den du jetzt liebst und der dein Leben mit seiner Positivität so bereichert. Genauso funktioniert dein Leben. Es wird Zeit, alte Geschichten loszulassen und Platz für neue Geschichten zu machen! Um die Party deines Lebens so richtig genießen zu können.

JOURNALFRAGEN

1. Welche Geschichte aus deiner Vergangenheit hast du heute noch nicht losgelassen?

2. Was bewirkt diese Geschichte, die du immer wiederholst? Welche Folgen zieht das mit sich?

3. Welche (verletzenden) Geschichten aus deiner Vergangenheit darfst du endlich loslassen, um neue Geschichten zu schreiben?

4. Wie kannst du für dich loslassen?

Sich selbst lieben, ohne toxisch zu sein

Sich selbst an erste Stelle stellen - das ist das, was man unter Selbstliebe zuallererst versteht. Sich selbst ganz vorne hinstellen und sich immer für sich selbst entscheiden. Grundsätzlich stimmt das auch. Es ist wichtig, dass du dich in der Tiefe kennen und schätzen lernst und dass du für dich und deine Meinung einstehst. Dich selbst an erste Stelle zu stellen, bedeutet aber nicht, dass du ab heute jedem nur noch deine Meinung an den Kopf pfefferst, und alles, was du sagst und tust, das einzig Richtige ist. Denn genau das wäre toxische Selbstliebe und hat mit der wahren Selbstliebe absolut gar nichts zu tun.

Selbstliebe bedeutet, zu wissen, dass man sich an erste Stelle stellt, komme was wolle, und in den richtigen Momenten den anderen Menschen ihren Raum zu geben. Sonst könntest du ja alles, was du sagst und tust, inklusive andere Menschen zu verletzen, mit Selbstliebe rechtfertigen. Und das ist nun wirklich nicht die Selbstliebe, von der ich sprechen möchte. Natürlich wirst du in deinem Leben Menschen enttäuschen. Und natürlich sollst du auch Menschen enttäuschen, denn wenn du vor die Wahl gestellt wirst, sollst du immer dich an erste Stelle stellen. Dennoch rechtfertigt Selbstliebe kein falsches und gemeines Verhalten anderen Menschen gegenüber. Das wäre reinster Egoismus. Selbstliebe bedeutet, sich Fehler eingestehen zu können. Sich selbst für das, was man Ungünstiges getan oder gesagt hat, entschuldigen und vergeben zu können. Denn wenn ich mir meine Fehler offen und ehrlich eingestehe, kann ich auch an ihnen wachsen und meine Selbstliebe noch ein bisschen mehr vertiefen. Ein großer Schritt deines Selbstheilungsprozesses und ein sehr wichtiger Schritt, um dich selbst lieben zu lernen, ist es, in den Spiegel zu schauen und radikal ehrlich zu dir zu sein. Ich zum Beispiel habe früher Menschen verletzt, vor allem meine Ex-Partner. Ich war gemein zu ihnen, habe sie ungerecht behandelt. Ich habe sie für mein Glück verantwortlich gemacht und habe Drama provoziert, um Aufmerksamkeit zu bekommen. Ich war der toxische Part von Beziehungen, und das herauszufinden, tat höllisch weh. So ehrlich zu mir selbst sein zu müssen, weil ich mir jeden Anteil von mir ansehen musste, um mich selbst kennenlernen zu können, war keinesfalls schön. Ich habe dir schon erzählt, dass ich lange Zeit meine Vergangenheit als Ausrede benutzt habe, um meine toxische Seite zu rechtfertigen. Doch als ich radikal ehrlich zu mir wurde, erkannte ich, dass keine Vergangenheit der Welt, keine Geschichte und keine Selbstliebe der Welt mir das Recht gab, andere Menschen schlecht zu behandeln. Dieser Moment war einer meiner größten Durchbrüche in Sachen Selbstakzeptanz und Selbstliebe. Diese wahre Ehrlichkeit, dieses wahre »zu meinen Fehlern stehen«, hat mich im Leben ein sehr großes Stück weitergebracht, und es hat dafür gesorgt, dass ich mir selbst vergeben und die Tore der Selbstliebe offiziell geöffnet habe. Nur wenn du ehrlich zu dir bist, kannst du es schaffen, Schritt für Schritt dein inneres Universum zu entfalten.

JOURNALFRAGEN

1. Wenn du ganz ehrlich zu dir bist – wann war dein Verhalten anderen Menschen gegenüber nicht okay?

2. Hast du dich dafür jemals entschuldigt?

3. Wenn nein – wovor hast du Angst?

4. Welche Anteile von dir selbst verleugnest du noch und wehrst dich, sie zu zeigen?

Um abzuschließen, wäre es hier sehr ratsam, einen Brief an die Person zu schreiben, bei der du dich entschuldigen möchtest, und die Verantwortung für dein Handeln zu übernehmen. Du kannst den Brief dann verbrennen, für dich behalten oder, wenn du ganz mutig bist, der Person zukommen lassen.

Empathie bringt dir Seelenfrieden

Empathie ist eines der Dinge, die viele Menschen lernen müssen, wenn es um den Selbstheilungsprozess geht. Denn viele Menschen sind der Meinung, dass Selbstliebe bedeutet, immer zu seiner Meinung zu stehen und diese jedem Menschen immer mitteilen zu müssen, doch das ist, wie du ja jetzt bereits weißt, keine Selbstliebe. Selbstliebe zu lernen, bedeutet nicht nur sich selbst, sondern auch andere Menschen kennen (und im besten Falle lieben) zu lernen.

Empathie bedeutet, sich in die Schuhe eines anderen Menschen zu stellen, und das ist notwendig, um einen weiteren großen Schritt im Wachstumsprozess gehen zu können. Ich weiß, dass viele Menschen andere Menschen verurteilen, und wir haben bereits darüber gesprochen, was es anrichtet, wenn Menschen andere Menschen einfach nicht so sein lassen, wie sie nun mal sind. Wenn du es nicht schaffst, dir die Schuhe anderer Menschen anzuziehen, wird sich auch niemals jemand deine Schuhe anziehen. Wenn du nicht versuchst, andere Menschen zu verstehen, wirst du auch niemals von anderen Menschen verstanden werden. Uns zu öffnen für die Geschichten anderer Menschen, kann uns tiefen inneren Seelenfrieden bringen, und um das zu erreichen, müssen wir erkennen, dass wir selbst nicht der Mittelpunkt der Erde sind. Wenn ich eines in meinem Leben gelernt habe, ist es, dass es wichtig ist, den Blick von sich auf andere zu richten, und damit meine ich nicht, sich anderen unterzuordnen, sondern zu erkennen, dass wir Menschen vielleicht nicht alle gleich sind, nicht alle die gleichen Gedanken und Ansichten haben, aber deswegen der eine nicht weniger wert ist als der andere. Es ist wichtig, dir die Sichtweisen anderer Menschen anzuschauen und andere Menschen nicht zu be- und verurteilen. Wie du bereits weißt, kommt das aus unserem Ego, weil wir Menschen, die »anders« sind und anders denken als wir, nur schwer verstehen können. Aber du darfst verstehen, dass es, so wie es dir geht, auch allen anderen geht, weil fast jeder Mensch ja genau so denkt. Wenn du also beginnst, auf andere Menschen zuzugehen, dir ihre Schuhe anzuziehen und dich zu fragen beginnst, wie du in ihrer Situation reagiert und gehandelt hättest, bekommst du ein großes Maß an emotionaler Freiheit, denn du wirst verstehen, dass es von jeder Geschichte, von jeder Meinung, von jeder Situation Tausende Sichtweisen gibt. Ich habe dir schon einmal gesagt, dass es wichtig ist, zu verstehen, dass jeder Mensch einzigartig ist und daher jeder Mensch eine einzigartige Wahrheit hat. Ich möchte das in diesem Kapitel nochmals besonders betonen, denn das zu akzeptieren, bedeutet Empathie zu zeigen.

Ich gehe in meinem Leben immer davon aus, dass jeder Mensch mit dem, was er tut, das für ihn bestmögliche versucht und gibt. Ich gehe immer davon aus, dass jeder Mensch in meinem Leben eine positive Absicht hinter seinem Handeln hat, und ich versuche auch immer, diese positive Absicht zu finden. Ich habe früher so unglaublich viel mit mir gekämpft, weil ich so viele Menschen in ihren Handlungen und ihrem Denken nicht verstanden habe. Doch dann habe ich gelernt, dass jeder Mensch nur so handeln kann, wie es die Tiefe seines Bewusstseins zulässt. Jeder Mensch handelt so gut, wie er in dieser Situation eben handeln kann, und das zu akzeptieren, hat mir unglaublich viel Frieden gebracht.

Und es hat dafür gesorgt, dass ich mich nicht mehr über andere Menschen geärgert habe, weil ich ihre Handlungen sowieso niemals in der Hand habe. Ich kann andere Menschen nicht verändern, das Einzige, was ich ändern kann, ist, wie ich diese Menschen sehe. Und ich habe wirklich begonnen – angefangen mit meiner Familie –, jeden einzelnen Menschen so zu akzeptieren, wie er ist, und zu analysieren, was diesem Menschen in seinem Leben bereits alles passiert ist, und warum dieser Mensch so ist, wie er ist. Ich habe verstanden, dass nicht nur ich bestimmte Schutzstrategien und Schemata entwickelt habe, weil ich verletzt wurde, sondern jeder andere Mensch um mich herum genauso.

Und damit habe ich auch begonnen, andere Menschen zu verstehen – das, was ich mir immer so sehr gewünscht habe. Ich habe begonnen, Empathie zu zeigen und mich für die Menschen um mich herum zu interessieren. Ich habe mich mit meinem Papa über seine gesamte Kindheit unterhalten und dann erst begonnen, zu verstehen, warum es ihm immer schwergefallen ist, mir gegenüber Gefühle zu zeigen. Ich habe ihm in meinem Inneren aus tiefster Seele verziehen und habe verstanden, dass alles, was er getan hat, immer nur das war, was er gekannt hatte. Er hat es nicht anders gelernt und dafür kann er absolut nichts. Ich habe früher nie verstanden, warum Menschen dann nichts ändern in ihrem Leben, bis zu dem Zeitpunkt, als ich begriffen habe, dass sie vielleicht gar nicht das Bewusstsein haben, etwas zu verändern, oder so viel Schmerz in sich tragen, dass sie sich verschließen, oder oder oder. Um nicht weiter verletzt zu werden, entwickeln Menschen verschiedene Schutzstrategien, und ja, es gibt Menschen, die es zu ihrem Selbstschutz gemacht haben, andere Menschen zu verletzen. Doch was können sie dafür? Was, wenn diese Person gar nicht weiß, dass das alles nur Selbstschutz ist? Was, wenn diese Person gar nicht weiß, dass es so etwas wie Trauma gibt, und was, wenn diese Person gar nicht weiß, dass man sein Leben selbst in der Hand hat? Ich habe so tiefen Seelenfrieden erreicht, weil ich aufgehört habe, Menschen ändern zu wollen, und begonnen habe, sie wahrhaftig kennen und verstehen zu wollen, und alles, was ich dann über einen Menschen erfahren habe, als das zu akzeptieren, was es nun mal ist: *Seine* Geschichte. Nicht meine. Lass die Menschen um dich herum sein, und vergib ihnen, wenn sie etwas getan haben, weil sie es nicht besser wussten, und sogar dann, wenn sie es nicht besser machen wollen, denn auch dann wissen sie es einfach nicht besser.

JOURNALFRAGEN

1. Welchen Menschen möchtest du unbedingt verstehen, kannst es aber nicht, weil du ihn gleichzeitig unbedingt ändern möchtest?

2. Hat dieser Mensch dasselbe Bewusstsein wie du?

3. Wie kannst du für dich mit diesem Menschen abschließen und diesen Menschen so akzeptieren, wie er ist?

4. Was lässt dich andere Menschen nicht so akzeptieren, wie sie sind?

5. Was denkst du über Akzeptanz? Was bedeutet das für dich?

Die Macht der Vergebung

Ich habe mal einen wunderbaren Spruch zum Thema Vergebung gelesen, der sehr vieles in mir bewirkt hat: »Um vergeben zu können, musst du dir all deiner Schmerzen und Wunden bewusst werden. Und sie anerkennen. Erst dann kannst du vergeben.«

Und ich habe lange Zeit gedacht, dass Vergebung immer nur etwas mit meinem Gegenüber zu tun hat. Ich habe Anfangs das Thema Vergebung nie richtig verstanden, weil ich immer darauf gewartet habe, wie man lernt, anderen zu vergeben. Doch eigentlich geht es bei Vergebung gar nicht darum, jemand anderem etwas zu verzeihen. Es geht vielmehr darum, dir selbst zu vergeben, dass du dich jahrelang gezwungen hast, dich immer wieder mit diesem Thema auseinanderzusetzen. Genau deshalb finde ich auch diesen Spruch so inspirierend, weil er genau das aussagt.

Du musst dir zuerst einmal bewusst werden, dass du selbst derjenige bist, der sich immer wieder Schmerzen zufügt – nicht dein Gegenüber mit seinem potentiellen Verhalten. Du selbst bist es, der sich immer wieder Gedanken über das Geschehene macht. Du selbst bist es, der unbedingt das Verhalten der anderen Menschen verstehen und im besten Falle verzeihen möchte. Doch es geht nicht darum, deinen Eltern, deinem Ex-Freund, deiner einstigen besten Freundin oder deinem ehemaligen Chef zu verzeihen. Es geht darum, dich selbst um Vergebung zu bitten, dass du dir immer wieder all diese Schmerzen, Gedanken und negativen Gefühle angetan und zugefügt hast. So oft suchen wir die »Schuld« bei anderen Personen, und solange Schuld in deinem Leben und deinen Gedanken existiert, benötigst du Vergebung. Niemand hat Schuld an irgendetwas, denn du entscheidest, wer in deinem Leben »schuldig« ist. Du entscheidest, ob es überhaupt das Konstrukt des Verletzens und Verletztwerdens in deinem Leben gibt.

Solange du Menschen dazu verantwortlich machst, dass du dich negativ fühlst wegen irgendeiner Handlung, die in Wirklichkeit im Außen passiert ist, wirst du immer die Verantwortung für dein Leben, dein Denken, dein Handeln und dein Fühlen abtreten. Du wirst dich immer nach Vergeltung sehnen, wirst Menschen immer verstehen wollen, eine Entschuldigung erwarten und noch viel mehr enttäuscht werden, wenn du merkst, dass jemand deine Erwartungen nicht erfüllt oder irgendwelche Entschuldigungen nicht ernst meint.

Und hier kommen wir genau zu dem Thema, welches Teil deines Egos ist: Du denkst, Menschen vergeben zu müssen, was sie dir in der »Vergangenheit« angetan haben. Du denkst, dass Menschen sich bei dir rechtfertigen müssen, und dadurch, dass du heute, in der Gegenwart genau das denkst und immer noch darüber nachdenkst, wer was wann getan hat, manifestiert sich deine Vergangenheit in der Gegenwart. Du fühlst immer noch dasselbe wie damals in deiner Kindheit, als dein Papa dich verlassen hat, weil du es immer wieder reprojizierst.

Du wiederholst das Szenario ständig in deinem Kopf, und wie du bereits weißt, verursachen Gedanken Gefühle und diese Gefühle sorgen für einen mentalen Zustand. Wenn du heute traurig oder wütend bist, frag dich einmal, ob es an der Vergangenheit oder der Zukunft liegt, und ob du die Verantwortung für dein Leben abgibst, weil du jemand anderen »Schuld« an etwas in deinem Leben haben lässt. Denn was du noch wissen solltest: Es geht nicht nur darum, dir die Vergangenheit zu vergeben und dir selbst zu vergeben, was du dir durch die ständige Wiederholung der Szenarien in deinem Kopf immer wieder selbst angetan hast.

Es geht auch um die Vergebung der Gegenwart, und diese erlangst du, indem du jeden Moment in deinem Leben so annimmst, wie er ist. Wenn du es schaffst, jeden Moment, jedes Szenario, jedes Gefühl und jeden Gedanken in deinem Leben im Hier und Jetzt voll und ganz anzunehmen, wirst du einen weiteren Schritt zur emotionalen Freiheit erlangen. Denn dadurch wird in deinem Leben niemals die Chance bestehen, Ärger, Wut, Hass, Frust oder noch mehr Negatives anzusammeln.

Wenn du dein Leben so annimmst, wie es ist, und verstehst, dass du hier bist, um genau all diese Erfahrungen zu machen, wirst du beginnen, das glückliche Leben zu leben, welches du dir so sehr wünschst. Um langfristig Liebe in deinem Leben erfahren zu können, musst du die Fähigkeit zur Vergebung entwickeln. Alle deine Illusionen und unerlösten Wunden fordern dich indirekt dazu auf, dich in Vergebung zu üben, damit sie zu einem festen Bestandteil in dir und in deinem Leben werden kann. Jedes Mal, wenn du vergibst, wird die Liebe in dir wachgerufen und deine Fähigkeit, Liebe weiterzugeben, wächst.

Dies ist das Ziel deiner Reise. Und wenn du dich dem widmest, wird es dich in dein inneres Universum führen. Vergebung bedeutet, mit einer Entschuldigung abzuschließen, die du nie bekommen hast. Schließe ab und vergib. Sende den Menschen Liebe und lege den Fokus wieder auf dich selbst.

JOURNALFRAGEN

1. Was möchtest du dir selbst vergeben? Wo hast du dir selbst immer wieder Schmerzen zugefügt, weil du dich entschieden hast, den Schmerz als Rechtfertigung fühlen zu wollen?

2. Welche Situation in deinem Leben kannst du ab heute so annehmen, wie sie ist?

3. Wem möchtest du im Außen vergeben? Welchen Menschen in deinem Leben darfst du in Vergebung und Liebe loslassen?

Du bist nicht der Mittelpunkt im Leben anderer

Ein weiterer Satz, den ich auf meiner Reise zu meinem inneren Universum gehört habe und der mich sehr geprägt hat, lautet: »Du bist nicht der Mittelpunkt im Leben anderer.«

Autsch. Als ich diesen Satz das erste Mal gehört habe, tat das ganz schön weh. Natürlich – wir Menschen lernen ja von klein auf nichts anderes, als dass andere Menschen uns gernhaben müssen, damit wir unser Überleben sichern können. Jetzt ist es aber so, dass wir Menschen uns bei allem in unserem Leben so oft blockieren, weil wir ständig darüber nachdenken, was andere Menschen wohl über uns sagen könnten. Wir machen den Job nicht, den wir so gerne machen würden. Kleiden uns nicht so, wie wir es eigentlich gerne tun würden, sagen oft nicht das, was wir gerne sagen wollen, weil wir selbst zu egoistisch sind, um zu verstehen, dass wir nicht der Mittelpunkt im Leben anderer sind. Ja, du hast richtig gelesen: Egoistisch. Wie das Wort bereits aussagt, leben wir auch hier wieder zu sehr in unserem Ego, zu sehr in unserem Selbstbild, welches durch andere geformt wurde. Wir glauben dauerhaft, dass der Fokus nur auf uns liegt, weil wir selbst den Fokus ständig nur auf uns haben. Wir dürfen also lernen, das Leben wie durch eine Kamera zu sehen, und dass wir die Kamera endlich einmal von uns wegdrehen und auf andere richten dürfen. Nicht im Sinne von: nur noch über andere reden und sich nicht mehr mit sich selbst beschäftigen. Sondern im Sinne von: wahrem Interesse an deinem Gegenüber zu zeigen.

Wenn du beginnst, dein Gegenüber zu beobachten und dich immer zu fragen, was du gerade in diesem Moment mit deinem Sein für dein Gegenüber bewirken kannst, wirst du verstehen, dass es so viel wichtiger ist, dass du der Mittelpunkt deines eigenen Lebens wirst und dich nicht zum Mittelpunkt im Leben anderer Menschen machst. Dein Sein ist mit Abstand das Wichtigste, was du in deinem Leben hast. Mit deinem Sein gibst du anderen Menschen etwas weiter. Mit deinem Sein inspirierst du andere, zu sein. Du darfst in deine innere Mitte kommen, um aus ebendiesem inneren Mittelpunkt sein zu können. Frag dich also nicht ständig, was andere über dich sagen werden, wenn du dem Job nachgehst, den du so gerne machen möchtest, oder die Kleidung trägst, die du eigentlich aus deinem wahren Ich heraus tragen möchtest, denn vielleicht ist es genau das, was andere Menschen inspiriert, dasselbe zu tun. Werde dir auch dessen bewusst, was sich für andere verändert, wenn du dich selbst zu deinem Mittelpunkt in deinem eigenen Leben machst.

Dein Umfeld wird dann ganz bestimmt bemerken, dass du zu dir selbst stehst und das tust, was dich glücklich macht. Und genau das bewegt auch dein Umfeld dazu, es dir gleichzutun. Genau das meine ich, wenn ich sage, dass du die Kamera deines Seins auf andere Menschen richten und dich fragen darfst, was du mit deinem wahren Ich geben kannst. Was kannst du bewirken, wenn du dein wahres Ich lebst? Wenn du ab heute nur noch das tust, was dich glücklich macht? Du wirst sehr schnell bemerken, dass das, was dich glücklich macht, so viel mehr wert ist, für dich und auch für andere, als ständig darüber nachzudenken, wer etwas dazu zu sagen hat. Du bist nicht der Mittelpunkt im Leben anderer und niemand unterhält sich 24/7 nur über dich und deine Entscheidungen. Sei nicht so egoistisch zu denken, dass du das Wichtigste im Leben anderer bist, und beginne, das Wichtigste für dich selbst zu werden.

JOURNALFRAGEN

1. Was würdest du tun, wenn du wüsstest, dass niemand etwas dagegen sagen wird?

2. Was würdest du tun, wenn es dir egal wäre, was andere sagen?

3. Wer sagt dir, dass du mit dem, was du denkst zu wissen, was andere über dich denken, richtigliegst?

4. Wo bist du zu sehr im Außen, im Leben anderer?

5. Wie kannst du dich wieder mehr für dein Leben interessieren?

Lerne deine Werte und Grenzen kennen

Jeder Mensch hat Bedürfnisse, und sich darum zu kümmern ist ein Akt der Selbstliebe. Irgendwann, meist in der Kindheit, haben wir Menschen gelernt, unsere eigenen Bedürfnisse, Werte und Grenzen hintanzustellen und uns selbst aufzuopfern. So haben wir die Verbindung zu unserem Körper verloren und spüren oft gar nicht, was das Bedürfnis hinter unseren Gedanken, Gefühlen und Handlungen ist. Diese Verbindung zu deinem Körper wiederherzustellen ist essenziell, um dich selbst kennen- und lieben zu lernen. Kennst du deine Werte? Kennst du deine Grenzen? Kennst du deine Träume und deine Ziele?

Das alles sind Fragen, die du dir in deinem Leben beantworten darfst, denn wenn du lernst, auf deinen Körper, deinen Geist und deine Seele zu hören, erhöhst du automatisch dein Selbstwertgefühl. Du übernimmst Verantwortung für dich. Dabei ist es auch wichtig zu beachten, dass du deine Werte und Bedürfnisse, wenn du sie kennst, auch kommunizierst. Früher hatte ich immer Angst, das auszusprechen, was ich möchte. Da es eine meiner größten Schutzstrategien war, immer alles alleine zu machen, kamen Bedürfnisse wie Ruhe, Partnerschaft, Kommunikation und Zeit für mich zu haben, viel zu kurz. Als ich gelernt habe, dass ich für mich einstehen und meine Bedürfnisse kommunizieren muss, um aus diesem ewigen Kreislauf von »zu viel leisten und am

Ende ärgern« herauszukommen, wurde mir klar, dass ich gelernt habe, andere auf ein Treppchen zu stellen. Andere zuerst glücklich zu machen, bevor ich mich selbst glücklich mache. Ich habe gelernt, wie wichtig es ist, mir immer wieder bewusst Zeit für mich zu nehmen und die Verantwortung für mein Leben zu festigen. So oft haben wir Angst, andere Menschen zu enttäuschen, indem wir ein klares Nein aussprechen und ihnen nicht all ihre Aufgaben abnehmen. Wen wir damit letztendlich aber immer wieder enttäuschen? Uns selbst. Und so wird die Stimme im Kopf, die endlich deine Aufmerksamkeit haben möchte, immer lauter. Die Verbindung zu dir selbst und deinem Körper herzustellen, wird unter anderem dafür sorgen, dass du lernst, mit deinen Gefühlen umzugehen.

So oft können Menschen mit ihren Gefühlen nicht umgehen, weil sie sich selbst nie die Zeit geben, wirklich hinzuhören und ihre Gefühle und Gedanken kennenzulernen. Früher war ich ein Mensch, der sofort sauer wurde, wenn irgendetwas nicht so lief, wie ich es geplant habe. Mein Bedürfnis nach Kontrolle war extrem ausgeprägt. Dahinter stand mein Bedürfnis nach Sicherheit. Es gab mir Sicherheit, alles unter Kontrolle zu haben. Alles bis ins kleinste Detail zu wissen. Mit jedem Mal, wo dies nicht der Fall war, wurde mein Angstzentrum getriggert, und mein Selbstschutz, der aus Attacke, Angriff und Streit bestand, kam zu Vorschein. Das alles konnte ich nur herausfinden, indem ich mir Zeit für mich selbst nahm und wirklich hinterfragt habe, wie ich zu welchen Zeitpunkten in meinem Leben reagiere und welches Bedürfnis dahintersteht. Mich um mich selbst zu kümmern, hat alle Beziehungen, die ich führe, verbessert. Weil ich jetzt klar kommunizieren kann, dass ich die Kontrolle brauche und dass es mich überfordert, wenn ich keine genauen Angaben zu etwas bekomme. Indem ich dieses Bedürfnis kommuniziere, weiß mein Gegenüber ganz genau, dass meine Reaktion nichts mit seiner Aktion zu tun hat, sondern rein etwas mit meinen eigenen Bedürfnissen. Alles, was du nicht aus- und ansprichst, beginnst du in Kartons zu sammeln. Und glaub mir, diese Kartons können sehr, sehr schwer werden. Es ist wichtig, dich um dich selbst zu kümmern und für dich selbst zu sorgen.

Beginn also ganz bewusst, deine Werte und Bedürfnisse kennenzulernen, sie zu kommunizieren und Zeit mit dir selbst zu verbringen. Das kannst du am besten machen, indem du beginnst, deinen Alltag zu beobachten und dich selbst zu fragen, was dir in deinem Leben wichtig ist. Was dir an Personen wichtig ist und was du an anderen nicht so gerne magst. Deine eigenen Werte herauszufinden, wird dir vor allem dabei helfen, klare Grenzen in deinem Leben zu ziehen. Wenn dein Wert beispielsweise Familie ist und du jemanden kennenlernst, der niemals eine eigene Familie gründen möchte, sondern den Wert der Freiheit an oberster Stelle stehen hat, kann es sein, dass du genau da für dich eine Grenze ziehen darfst, um deinen inneren Frieden zu wahren. Früher habe ich meine eigenen Grenzen sehr oft überschritten, weil ich nicht wusste, was meine Werte dahinter sind. Werte sind Orientierungspunkte in deinem Leben und helfen dir dabei, bessere Entscheidungen für dich zu treffen, damit du dich am Ende nicht darüber ärgerst und Sätze wie »Ich hab es ja gewusst, dass das nicht klappen wird« aussprechen musst. Du darfst verstehen, dass dein Selbstwert jedes Mal ein Stückchen sinkt, wenn du andere Menschen über deine Grenzen gehen lässt, aber auch, wenn du selbst deine Grenzen verschwimmen lässt und nicht klar äußerst. Wenn du deine Grenzen niemals klar kommunizierst und alles mit dir machen lässt, entscheidest du dich immer wieder dafür, dass du weniger wichtig bist als andere. Das kann verschiedenste negative Glaubenssätze in dir doppelt und dreifach unterstreichen, und es wird immer schwieriger, diese negativen Glaubenssätze aufzuarbeiten und ins Positive umzuwandeln. Werde dir also deiner Werte bewusst und setze klare Grenzen.

Lass genau diese Grenzen von Menschen aus deinem Umfeld nicht mehr überschreiten. So steigerst du deinen Selbstwert und wirst dir selbst der wichtigste Mensch. Denn deine eigenen Grenzen kennenzulernen und diese auch klar zu äußern ist mit Abstand einer der wichtigsten Parts der Selbstliebe: Dass du nur noch dann Ja sagst, wenn du dich wirklich danach fühlst, und dass du dich traust, Nein zu sagen, weil du dir bewusst geworden bist, dass deine Grenzen da sein dürfen und ein Recht darauf haben, kommuniziert zu werden.

WERTELISTE

(kreise deine Werte ein)

- Harmonie
- Veränderung
- Wissen
- Freiheit
- Kompetenz
- Einsicht
- Verantwortung
- Glück
- Lust
- Genuss

- ✦ Kommunikation
- ✦ Verbindlichkeit
- ✦ Engagement
- ✦ Liebe
- ✦ Weisheit
- ✦ Herzlichkeit
- ✦ Zuverlässigkeit
- ✦ Rücksicht
- ✦ Achtsamkeit
- ✦ Ordnung
- ✦ Aufregung
- ✦ Mitgefühl
- ✦ Kreativität
- ✦ Lust
- ✦ Sinn
- ✦ Schönheit
- ✦ Flexibilität
- ✦ Humor
- ✦ Vitalität
- ✦ Spaß
- ✦ Leichtigkeit
- ✦ Erfolg
- ✦ Klarheit
- ✦ Freude
- ✦ Demut
- ✦ Offenheit
- ✦ Selbstbestimmung
- ✦ Dankbarkeit
- ✦ Großzügigkeit
- ✦ Ruhe
- ✦ Spielen
- ✦ Präzision
- ✦ Gelassenheit
- ✦ Tiefe
- ✦ Besonnenheit
- ✦ Leidenschaft
- ✦ Entwicklung
- ✦ Glaubwürdigkeit
- ✦ Offenheit
- ✦ Geborgenheit
- ✦ Beharrlichkeit
- ✦ Loyalität
- ✦ Akzeptanz
- ✦ Ausdauer
- ✦ Natürlichkeit
- ✦ Toleranz
- ✦ Tradition
- ✦ Sicherheit
- ✦ Kraft
- ✦ Heimat
- ✦ Spiritualität
- ✦ Zärtlichkeit
- ✦ Gesundheit
- ✦ Sinnlichkeit
- ✦ Austausch
- ✦ Lebenslust
- ✦ Natur
- ✦ Großzügigkeit
- ✦ Ästhetik
- ✦ Frohsinn
- ✦ Nachhaltigkeit
- ✦ Vielfalt
- ✦ Leistung
- ✦ Begeisterung

- Gelassenheit
- Feiern
- Frieden
- Sportlichkeit
- Behutsamkeit
- Toleranz
- Charisma
- Effektivität
- Häuslichkeit
- Effizienz
- Bewusstheit
- Hoffnung
- Geduld
- Träumen
- Zuversicht
- Beständigkeit
- Achtung
- Reichtum
- Fülle
- Optimismus
- Freundschaft
- Ehrlichkeit
- Eleganz
- Frieden
- Wärme
- Verbundenheit
- Einzigartigkeit
- Beweglichkeit
- Kultur
- Vernetzung
- Sozial sein
- Integration
- Ruhm
- Lebensfreude
- Würde
- Weiterentwicklung
- Gleichmut
- Schutz
- Fairness
- Gemeinschaft
- Sorgfalt
- Gerechtigkeit
- Bescheidenheit
- Fröhlichkeit
- Innovation
- Ernsthaftigkeit
- Macht
- Würde
- Natürlichkeit
- Klugheit
- Kompetenz
- Leidenschaft
- Hingabe
- Fantasie
- Unabhängigkeit
- Treue
- Menschlichkeit
- Güte
- Einssein
- Herausforderung
- Perfektion
- Besonnenheit
- Wandel
- Lachen

JOURNALFRAGEN

1. Wähle drei bis maximal sechs Werte aus: Welcher Wert steht an oberster Stelle? Welcher Wert ist »weniger wichtig«?

2. Wie lebst du diese Werte in deinem persönlichen Alltag aus?

3. Wie kannst du diese Werte noch besser im Alltag ausleben?

4. Wo überschreitest du deine eigenen Grenzen und stellst deine Werte hintenan?

5. Wo lässt du es zu, dass deine Grenzen überschritten werden?

6. Stehst du für deine Werte und Grenzen ein oder passt du dich an?

7. Wenn nein – welches Muster erkennst du? Wann passt du dich an? Was haben alle Situationen gemeinsam?

Dich verletzlich zeigen

Ich weiß, dass ganz viele Menschen Angst davor haben, sich verletzlich zu zeigen. Die Angst, ein anderer Mensch könnte es dann ausnutzen, ist zu groß und hindert viele Menschen daran, ihr wahres Ich zu zeigen. Auch ich selbst hatte lange Zeit große Angst davor. Wir lernen unser Leben lang, uns anzupassen und das zu tun, was uns von der Gesellschaft suggeriert wird. Vor allem wir Frauen lernen von klein auf, dass wir uns um unser Äußeres kümmern müssen. Dass wir schön sein sollen, lieb sein sollen, dass wir Shopping und Make-up lieben und dass wir hier sind, um für unsere »Schönheit« bewundert zu werden. Wir bekommen von klein auf sofort verschiedenste Merkmale mit auf den Weg, die unsere Person anhand unseres Geschlechts ausmachen sollen. Und alleine dadurch beginnen wir, uns nicht mehr wohlzufühlen, wenn wir eigentlich etwas ganz anderes tun wollen.

Mir selbst ist das extrem aufgefallen, als ich Mutter wurde. Mir wurde von Menschen gesagt, dass ich mit Sicherheit einen Jungen bekäme, denn Töchter würden der Mutter in der Schwangerschaft die Schönheit klauen. Und als Emilia dann auf der Welt war und teilweise blaue Kleidung getragen hat, einfach weil ich blaue Kleidung wunderschön finde, wurde ich beim Einkaufen sehr oft gefragt, ob sie denn ein Junge wäre. Ja, so einen Blödsinn musste ich mir anhören. Emilia ist nicht einmal zwei Jahre alt, und ihr wurde durch die Gesellschaft schon so vieles mitgegeben, was ich zu Hause immer wieder richtigstelle. Nämlich, dass es egal ist, welche Kleidung sie trägt. Und dass es egal ist, wenn sie ihre Gefühle lautstark kommuniziert, weil sie ein sehr glückliches und aufgeschlossenes Kind ist. Denn das ist ihr wahres Ich. Ihr wahres Ich hat weder etwas damit zu tun, dass sie rosa oder blau trägt, noch hat es was mit dem Geschlecht zu tun, mit dem sie auf die Welt kam. Ich möchte, dass sie lernt zu weinen und mit ihren Gefühlen umzugehen, dass sie lernt, mit mir über alles zu kommunizieren, und dass sie lernt, dass es Seiten an ihr gibt, die sie selbst wahrscheinlich weniger gernhaben wird. Innerlich wie äußerlich.

Dein wahres Ich zu zeigen, bedeutet nicht, dass du jemand anderen die Macht über dich gibst und bestimmen lässt, wie du zu sein hast, es bedeutet lediglich, dass du alle Seiten, positive wie negative, von dir kennenlernst, mit Stolz trägst und stolz darauf bist, sie zu zeigen. Denn genau das ist es, was deine Selbstliebe immer bestärken wird. Alles von dir zu zeigen, weil du es gerne zeigst und weil deine Selbstliebe so stark ist, dass dich nichts und niemand im Außen daran hindern kann.

Und da kommen wir zu einem Punkt, an dem viele Menschen von einem Glaubenssatz in ihrem Inneren getriggert werden: »Mich verletzlich zu zeigen bedeutet, schwach zu sein.« Ich selbst habe das sehr lange gedacht. Ich wollte immer alles mit mir selbst ausmachen, habe jahrelang nicht mit meinen Eltern über meine wahren Gefühle kommuniziert, weil sie mir peinlich waren. Wir haben, wie du bereits weißt, unser Leben lang gelernt, dass wir unsere Gefühle unterdrücken müssen, dass wir sie verbergen müssen, um stark zu wirken. Anhand dieser Glaubenssätze und Weltanschauungen leben wir und manifestieren uns tagtäglich unsere Realität. Wenn du also immer wieder glaubst, dass du dich nicht verletzlich zeigen darfst, weil du dann schwach bist und jemand anderem die Macht über dich selbst gibst, wird es auch genauso in dein Leben kommen. Deine Verletzlichkeit ist einer der schönsten Anteile, die es von dir gibt. In deiner Verletzlichkeit liegt so viel Ehrlichkeit und deine Verletzlichkeit ist ein sehr großer Teil deines wahren, authentischen Ichs. Deine wahren Gefühle und Gedanken zu teilen, wird dich dich selbst lieben lassen, und du darfst verstehen, dass du immer der Spiegel bist. Wenn du dir also von deinem Außen wünschst, dass die Menschen um dich herum mehr über ihre Gefühle sprechen und ihr wahres Ich zeigen, darfst du zuerst damit beginnen.

Sei du der Spiegel, und hilf anderen Menschen, auch ihr wahres, authentisches Ich zu leben. Steh zu dir, in jeder Lebenssituation. Wahre Selbstliebe beginnt da, wo du dich selbst mit all deinen Anteilen akzeptierst und dich nicht mehr scheust, diese Anteile im Außen zu zeigen.

JOURNALFRAGEN

1. Was verbirgst du vor dir, um nicht verletzt zu werden?

2. Was möchtest du eigentlich schon lange tun/sein und traust dich nicht, weil du dich selbst damit nicht akzeptierst?

3. Welchen Anteil von dir willst du loswerden? (Du kannst deine Anteile nicht auslöschen, sie werden nur immer lauter, wenn du ihnen keine Aufmerksamkeit schenkst.)

4. Wie vermeidest du es, dein Trauma aufzuarbeiten? Wie trickst du dich immer selbst aus?

5. Auf welche Weise hast du dich davor geschützt, den Schmerz deines Traumas zu fühlen?

Die Meinungen anderer Menschen

Wir kommen nun zu einem Thema, welches viele Menschen daran hindert, das zu tun, was sie eigentlich tun möchten. Nämlich die Meinung anderer Menschen. Sei es, sich so zu kleiden, wie man möchte, seinen Partner in der Öffentlichkeit zu küssen, laut zu lachen, auf Instagram sein Leben zu teilen, ins Network-Marketing einsteigen, auszuwandern, eine Band zu gründen, einen Blog zu schreiben, sich den ganzen Körper vollzutätowieren, zu kündigen oder die eigene Meinung auszusprechen. So viele Menschen tun tagtäglich all die Dinge, die sie so gerne tun würden, nicht, weil sie Angst davor haben, was andere über sie denken könnten.

Und auch hier darfst du wieder verstehen, dass das an unserem Selbstbild liegt, welches wir durch eigene Glaubenssätze, aber vor allem auch aufgrund der Meinungen, Taten und Worte anderer Menschen über uns kreiert haben. Und mit jeder Veränderung trittst du nicht nur aus deiner Komfortzone aus und änderst das Bild über dich selbst für dich, sondern auch für alle anderen. Das Bild, welches du so lange schon nach außen hin lebst, beginnt zu bröckeln, je weiter du zu deinem inneren Universum findest, und wie du auch bereits weißt, sind all unsere inneren Anteile, ja unser ganzes inneres System, dafür verantwortlich, uns zu beschützen. Vor Schmerz oder Ablehnung, und genau das ist es, wovor die meisten Menschen eigentlich Angst haben, wenn sie sagen, sie wollen nicht, dass jemand schlecht über sie redet. Sie haben Angst vor der Ablehnung anderer Menschen, weil sie glauben, ohne diese Menschen nichts mehr zu sein. Die ganze Selbstliebe ist vom Außen abhängig und kann genau deshalb niemals im Inneren stattfinden. Dadurch, dass du deine Selbstliebe im Außen suchst, in der Bestätigung anderer, wirst du niemals das tun, was du eigentlich tun möchtest, solange du nicht beginnst, diese Selbstliebe im Inneren zu finden. Du möchtest die Bestätigung anderer Menschen für deine Taten, weil du selbst zu unsicher bist, um zu deinen Entscheidungen zu stehen und die Konsequenz, die sie mit sich ziehen, zu tragen. Etwas, das hier entscheidend fehlt, ist Selbstvertrauen. Das Selbstvertrauen ist ein Teil der Selbstliebe, so wie der Selbstwert auch. Kein Vertrauen in sich selbst zu haben bedeutet, kein Vertrauen darin zu haben, mit dem umzugehen, was möglicherweise auf einen zukommen könnte, wenn man das tut, wonach das Innere sich eigentlich sehnt. Kein Vertrauen darin zu haben, selbst damit klarzukommen, wenn Menschen sich von dir abwenden. Etwas, was dir jetzt bewusst werden darf, ist, dass sich Menschen mit großer Sicherheit von dir abwenden werden, wenn du beginnst, dein authentisches Ich zu leben.

Sobald du beginnst, zu deinem inneren Universum zu finden und das zu leben, was du leben möchtest, machst du auf die blinden Flecken anderer aufmerksam. Als ich begonnen habe, auf Instagram meinen Weg zu teilen, wurde viel über mich gelacht. Ich komme aus einem kleinen Dorf und niemand hat verstanden, was ich da nun mache. Es gibt heute noch Menschen, die glauben, dass ich sie mit dem, was ich tue, »belehren« möchte. Warum glauben sie das? Weil es ihr eigener blinder Fleck ist, Angst davor zu haben, dass jemand ihnen etwas vorschreiben oder als jüngerer Mensch ein glückliches Leben führen könnte, weil sie selbst in ihrem Leben nicht glücklich sind.

Ich habe in meinem Leben schon so unglaublich viel Gegenwind bekommen, für das was ich tue, weil es vor allem die ältere Generation nicht versteht und es da draußen sehr viele Menschen gibt, die nicht verstehen, dass sie selbst für ihr Leben verantwortlich sind. Dass sie selbst dafür verantwortlich sind, jeden Tag grantig aufzustehen und dass sie selbst dafür verantwortlich sind, wie glücklich sie in ihrem Job, in ihrer Familie und in ihren Beziehungen sind. Dadurch, dass ich glücklich bin, weil ich selbst an mir und meinem Leben arbeite, triggere ich andere Menschen. Ich löse etwas in ihnen aus. Etwas, das ich sehr früh verstanden habe, ist, dass ich damit klarkommen muss. Ich muss Vertrauen in mich haben, damit umgehen zu können, wenn mich jemand nicht mag. Ich muss verstehen, dass ich nicht mehr »Everybody's Darling« sein kann, damit ich im tiefsten Inneren wirklich glücklich werden kann. Warum bekommen Menschen wie Shirin David oder Katja Krasavice so viel Hate und Kritik? – Weil sie das tun, was sich viele Menschen wünschen würden. Sie pfeifen auf die Meinung anderer Menschen und tun ständig nur das, was sie selbst lieben und was sie glücklich macht.

Und DAS triggert sehr, sehr viele Menschen. Doch je mehr du dich selbst heilst, je mehr du dich mit dir selbst beschäftigst, desto komfortabler fühlt es sich für dich an, dass du für irgendjemanden der Buhmann bist, nur weil derjenige nicht an sich selbst arbeiten möchte.

Heute ist es wirklich so, dass mir die Menschen, die schlecht über mich reden oder über mich lachen, leidtun. Sie machen mich in ihrer Geschichte zum Schurken, weil sie nicht verstehen, dass der Schurke eigentlich in ihnen wohnt. Du darfst verstehen, dass du mit allem, was du tust, eine Reflexion für dein Außen bist. Du musst, wenn dir die Welt da draußen nicht passt, nicht die Welt ändern, sondern dich, denn die Welt ist immer dein Spiegel.

Die Welt zeigt dir immer deine blinden Flecken. Jedes Erlebnis, das dir in deinem Leben passiert, zeigt dir etwas, und du darfst verstehen, dass deine Angst davor, dass Menschen schlecht über dich reden oder sich gar von dir abwenden, immer ein Zeichen dafür ist, dass dieses Thema in dir bearbeitet werden darf. Und dass du lernen darfst, auf dich selbst zu vertrauen. Denn am Ende des Tages ist es niemals wichtig, was jemand anderes über dich denkt oder sagt. Am Ende des Tages ist es wichtig, was du über dich denkst und was *du* über dich sagst. Es ist so wichtig, zu sich selbst zu stehen, und Menschen, die das nicht akzeptieren, aus dem Leben zu streichen, um dich nicht mehr länger verstellen zu müssen.

Selbstliebe bedeutet, jeden Anteil von sich nach außen zu tragen, und den Menschen, denen das nicht passt, noch mehr von diesen Teilen zu zeigen. Ich werde in meinen Coachings oft gefragt, ob ich nicht Angst davor hätte, was die Menschen sagen, und meine Antwort ist immer: »Wenn Menschen mich für ihr Leiden verantwortlich machen möchten, können sie das gerne tun. Ich werde weiterhin jedem Menschen zeigen, was für sie möglich ist, indem ich vorangehe.« Und das ist es, was du tun darfst: Du darfst vorangehen und anderen zeigen, dass dich selbst zu lieben das Beste ist, was du für jeden anderen Menschen auf dieser Welt tun kannst. Mit deiner eigenen Selbstliebe öffnest du dich und das Universum für noch mehr Liebe in deinem Leben. Und etwas, das du auch verstehen darfst, ist, dass es deine Verantwortung ist, wie dein Leben verläuft. Mit jedem Mal, wo du die Angst vor der Meinung anderer zu deiner Ausrede machst, um nicht losgehen zu müssen, stellst du deine Träume hintan, weil du die Verantwortung für dein Leben in die Hände anderer Menschen legst.

JOURNALFRAGEN

1. Was lässt dich vor der Meinung anderer Angst haben? Woran darfst du arbeiten?

2. Was passiert wirklich, wenn jemand ein anderes Bild von dir bekommt als das, welches du aufrechterhalten möchtest?

3. Welche Gefühle vermeidest du in zwischenmenschlichen Beziehungen?

4. Was versuchst du vor anderen zu verbergen?

Deine Gefühle sind dein Navi

Deine Gefühle sind das beste Alarmsystem, welches du haben kannst. Und ich meine damit nicht die Stimme in deinem Kopf, die dir sagen möchte, wie du dich fühlst. Ich meine damit deine tiefsten Gefühle aus dem tiefsten Innersten deiner Seele. Vielleicht denkst du dir jetzt, dass du deine Gefühle eigentlich kaum spüren kannst, und ja, das ist der Fall, wenn wir jahrelang nur nach Konditionierungen und aus dem Ego heraus leben. Wir verlieren die Verbindung zu unserem Körper, zu unseren Gefühlen. Wir vergessen die stärkste Macht, die wir haben: unsere Intuition.

Vielleicht hast du schon das ein oder andere Mal von dem Wort Intuition gehört, vielleicht hat es in deinem Leben bereits Situationen gegeben, in denen du dir im Nachhinein gedacht hast, dass du auf deine Intuition hättest hören sollen. Und dennoch hast du es nicht getan, weil die Stimme in deinem Kopf so viel lauter war als das gute Gefühl in deinem Inneren. Und genau so kannst du deine Intuition kennenlernen und von deinem Ego unterscheiden: Das Ego, also dein geglaubtes Ich, ist immer laut. Du kannst es dir wie ein Orchester in dir vorstellen, welches so unglaublich laut zu spielen beginnt, dass du nicht anders kannst, als hinzuhören. Und hörst du erst einmal hin, sagt dir dieses Orchester, basierend auf deinen bisherigen Lebenserfahrungen und Einstellungen, wie du dich entscheiden solltest. Spoiler: Dieses laute Orchester wird dich immer nur Entscheidungen treffen lassen, die du bereits schon aus früheren Situationen kennst. Denn wie du ja bereits weißt, möchte dein System nichts anderes, als dich vor möglichen Gefahren zu beschützen, und auch Veränderungen sind Gefahren für dein Inneres. Aber dann gibt es da in dir noch deine Intuition und deine Intuition ist das exakte Gegenteil dieses lauten Orchesters. Deine Intuition ist eine leise, liebevolle Stimme, die immer im ersten Moment zu dir spricht. Wenn du dich also mal wieder frägst, was wohl eigentlich das Richtige wäre, versuche immer herauszufinden, was du im allerersten Moment gefühlt hast, denn das, was du im ersten Moment gefühlt hast, wird immer das Richtige sein. Und ich meine damit nicht so gefühlt, dass dir kotzübel wurde, weil dein ganzes System rebelliert hat, sondern ich meine ein sanftes Gefühl, das von der leisen Stimme der Intuition kommt. Ich habe irgendwann als erwachsene Bettina gemerkt, dass ich absolut keine Verbindung zu mir selbst hatte. Es fiel mir schwer, Entscheidungen zu treffen, und immer wieder wurde die Stimme in meinem Kopf schlussendlich so laut, dass ich mich gegen das entschieden habe, was sich richtig angefühlt hat.

Das Problem ist, dass deine Intuition aus deinem sogenannten Higher Self kommt und dein Ego aus deinem »Lower Self«. Das heißt, dass deine Intuition ein Teil deiner besten Version von dir selbst ist. Deine Intuition leitet dich immer zu der Entscheidung, die du treffen musst, um die höchste und beste Version von dir verkörpern zu können und um ihr näher zu kommen. Du darfst also ganz bewusst wahrnehmen, wo dich die Entscheidungen, die du treffen sollst, hinbringen. Bringen sie dich deinem höchsten und besten Selbst näher? Bringen dich diese Entscheidungen deinem Traumleben näher? Der Traumversion von dir, die du gerne sein möchtest? Triff deine Entscheidungen ab heute wirklich immer aus dieser leisen Stimme heraus. Höre ganz genau hin, was diese leise Stimme dir im ersten Moment sagt.

Es heißt nicht, dass die leise Stimme die erste Stimme sein muss, die erscheint, wenn es um Entscheidungen geht. Es kann auch sein, dass dein ganzes System zuerst unglaublich laut NEIN ruft, wenn es um eine Entscheidung geht, die potentiell dein Leben verändern könnte. Doch meistens kommt nach dem ersten lauten Schrei deines Inneren die leise, beruhigende Stimme und genau auf sie darfst du hören. Sie wird dich deinen Träumen und Zielen immer näher bringen, und genau in diesem Moment darfst du ganz bewusst dein Inneres, welches Angst vor der Veränderung hat, beruhigen und liebevoll anerkennen. Es ist wichtig, dass du diese laute Stimme nicht als Stimme siehst, die alles falsch macht oder dich von Dingen abhält. Diese Stimme ist da, um dich zu beschützen, weil sie, wie du bereits weißt, nichts anderes kennt. Dein Wachstum und die Veränderung, die du dir wünschst, passiert aber immer außerhalb der lauten Stimme. Sie passiert immer außerhalb der Komfortzone und außerhalb von dem, was du bereits kennst. Du kannst nur wachsen, wenn du weitergehst, dich für Veränderung öffnest und neue Entscheidungen triffst. Albert Einstein hat einmal so wunderschön gesagt:

»Die reinste Form des Wahnsinns ist, es alles beim Alten zu lassen und trotzdem zu hoffen, dass sich etwas ändert.«

Du kannst keine Veränderung in deinem Leben erzielen, wenn du nicht beginnst, aus deiner Intuition heraus zu handeln und dich mit deinem Körper zu verbinden. Der Ansatz meiner gesamten Arbeit und auch dieses Buches ist es, Körper, Geist und Seele miteinander zu verbinden. Es ist wichtig, dass du deinem Körper die Dinge gibst, die er braucht, um diese warme, wohlige, leise, aber entscheidende Stimme wieder wahrnehmen zu können. Es gibt verschiedenste Gründe, warum wir die Verbindung zu uns selbst verloren haben, aber den größten Part spielt tatsächlich die Ernährung. Dadurch, dass das Fleisch, welches man im Supermarkt kaufen kann, vollgepumpt ist mit Medikamenten, essen wir diese Medikamente einfach mit. Ganz abgesehen davon hatten diese Tiere höllische Angst, bevor sie gestorben sind, und auch diese Angst bleibt in den Zellen des Fleisches als Information gespeichert. Wenn du also zum Beispiel sehr viel Fleisch isst, kann es sein, dass du keine gute Verbindung zu deinem Körper hast. Genauso ist es auch mit Industriezucker. Industriezucker nährt deinen Körper ebenso wenig, und dadurch, dass wir unserem Körper so wenig geben, was ihn wahrhaftig nährt, verlieren wir die Verbindung zu ihm. Es geht nicht immer nur darum, mental stark zu sein und ein gutes Mindset aufzubauen.

Oft sind es die kleinen Dinge wie rauchen, zu viel Kaffee und Zucker, schlechtes Fast Food oder zu viel Alkohol, welche uns in einen Dauerzustand aus Angst versetzen und uns völlig vergessen lassen, wie besonders wir eigentlich sind. Diese Dinge bringen uns nicht weiter im Leben und ich weiß, dass du weißt, wie wichtig auch diese alltäglichen Dinge für dich, deinen Körper und dein Wohlbefinden sind. Es ist wichtig, sich durch bestimmte Rituale wie Yoga, Meditation, Sport, Wandern, Schwimmen oder Tanzen immer wieder mit seinem Körper zu verbinden und hinzuhören, was er gerade braucht, um mit deinem Geist und deiner Seele im Einklang zu sein.

JOURNALFRAGEN

1. Was kannst du heute tun, um die Verbindung zu deinem Körper wiederherzustellen?

2. Was tust du immer wieder, was deinem Körper nicht guttut?

3. Welche Entscheidung ist noch ausständig – und kannst du dich an den ersten Satz der leisen, wohligen Stimme erinnern?

DIESE DINGE KÖNNEN DICH MIT DEINEM KÖRPER IN EINKLANG BRINGEN

- Intuitives Tanzen
- Yoga
- Meditieren
- Schwimmen
- Berührungen
- Sich bewusst im Spiegel ansehen
- Zur Massage gehen
- Eine Gehmeditation machen

WAS DIR DEINE GEFÜHLE SAGEN MÖCHTEN

Verbitterung zeigt dir, wo du noch heilen darfst und wo du immer noch Vorurteile dir und anderen gegenüber empfindest.

Groll und **Ärger** zeigen dir, dass du immer noch in deiner Vergangenheit lebst. Du lässt die Gegenwart nicht zu.

Unbehagen zeigt dir, dass du deine Aufmerksamkeit auf das Hier und Jetzt lenken darfst. Du entscheidest dich nämlich für Veränderung – das kann sich unbequem anfühlen.

Zorn zeigt dir deine Einstellungen, vor allem, wenn du dich angegriffen und kritisiert fühlst. Du darfst lernen, über deinen Tellerrand hinauszublicken.

Enttäuschung zeigt dir, dass du an deinen Erwartungen festhältst. Du erwartest zu viel und verlangst zu wenig.

Schuldgefühle zeigen dir, dass du immer noch das Leben lebst, welches andere von dir erwarten.

Scham zeigt dir, dass du überanalysierst, was Leute über dich denken (könnten). Du darfst dich wieder mit dir selbst verbinden.

Angst zeigt dir, dass du aufwachen darfst, genau jetzt, um im Hier und Jetzt zu leben! Du steckst in der Vergangenheit fest und hast Angst vor der Zukunft, die noch nicht einmal da ist.

ÜBUNG

Nimm dir in den nächsten Tagen und Wochen Zeit, in jeder Situation in deinem Leben deine Gefühle zu benennen. Es ist wichtig, dass du dich mit deinen Gefühlen auseinandersetzt und beginnst, ihnen einen Namen zu geben. Ich habe dir hier eine Liste an Gefühlen vorbereitet, die du nutzen kannst, um sie im Alltag zu benennen. Du kannst dich dann auch tief in dieses Gefühl hineinfühlen und dich an Situationen erinnern, in denen du genau diese Gefühle gefühlt hast:

Kategorie Wut: angeekelt, gehässig, boshaft, genervt, verteidigend, frustriert, beleidigend, beleidigt, irritiert

Kategorie Angst: ängstlich, verblüfft, skeptisch, besorgt, vorsichtig, nervös, gestresst, verletzlich, verwirrt

Kategorie Scham: selbstkritisch, minderwertig, beschämt, abstoßend, einsam, ausgegrenzt

Kategorie Trauer: enttäuscht, trauernd, depressiv, pessimistisch, weinerlich, bestürzt

Kategorie Traurigkeit: eifersüchtig, geschockt, benachteiligt, geopfert, gekränkt, verlassen, isoliert

Kategorie Glück: dankbar, entspannt, erleichtert, zuversichtlich, ermutigt, zufrieden, vertraut, angenehm

Das »Wenn-dann-Prinzip«

Wenn ich vollere Lippen habe, dann bin ich so schön wie die Frauen auf Social Media. Wenn ich einen volleren Busen habe, dann finde ich einen Partner. Wenn ich so dünn bin wie die Frauen im Fernsehen, werde ich endlich gesehen werden. So circa klingt oft unsere innere Stimme. Fällt dir an diesen Sätzen etwas auf? Genau: Ihnen liegt der Glaube zugrunde, dass wir erst glücklich sein können, wenn ein bestimmter Zustand eintritt.

Um Selbstliebe manifestieren zu können und dich selbst wertvoll zu fühlen, ist es aber wichtig, dich bereits heute so zu lieben und zu akzeptieren, wie du bist. Denn immer, wenn du dein Glück, deine Selbstliebe und deinen Selbstwert von einem Zustand im Außen und vor allem in der Zukunft abhängig machst, wird dieser Zustand niemals eintreten. Du wirst dich, selbst wenn der Zustand da ist, immer nach mehr sehnen. Weil du mit dem, was du jetzt bereits hast, nicht glücklich bist. Dass wir nicht glücklich sind mit dem, was wir bereits haben, kommt meist daher, dass wir uns vergleichen, und das hängt oft damit zusammen, dass wir allesamt viel zu viel am Handy sind. Ich glaube, wir dürfen ehrlich zu uns selbst sein und uns eingestehen, dass diese Handyabhängigkeit extrem toxisch für unsere Selbstliebe ist. Ich bin mir sicher, dass 80 Prozent von euch jedes Mal unsicher sind und Selbstzweifel haben, nachdem sie stundenlang durch Social Media gescrollt haben. Social Media ist eine Scheinwelt, die uns glauben lässt, dass es anderen prinzipiell immer besser geht als uns, und sie lässt uns in unserem Leben nach Fehlern suchen. Wenn du auf TikTok ein verliebtes Pärchen siehst, welches ein schönes Video postet, frägst du dich wahrscheinlich sofort, warum dein Partner das mit dir nicht macht. Liebt er mich nicht genug? Bin ich nicht schön genug für solche Videos? Will er nicht mit mir gesehen werden? Soziale Medien schaffen es, dass wir binnen Sekunden unser gesamtes Leben hinterfragen, obwohl wir nicht einmal wissen, ob das wirklich die Wahrheit ist, was diese Menschen, an denen wir uns orientieren, posten. Ich habe mich so lange mit Stars auseinandergesetzt und immer wieder bemerkt, dass sie so unglaublich unglücklich sind. So viele nehmen Drogen, um dem Gedankenchaos zu entfliehen und Highs zu erleben, weil sie es anders nicht schaffen.

Sie schaffen es nicht, sich selbst glücklich zu machen, obwohl sie alles haben und haben können, was sich so manch anderer wünschen würde. Ich habe dir im vorigen Kapitel bereits gesagt, dass wir immer nur so viel von Menschen wissen und kennen, wie uns diese Menschen zeigen, und auf Social Media ist es nun mal zu 99 Prozent der Fall, dass Menschen nur das zeigen, was gerade positiv ist. Sie zeigen sich nur, wenn es gut läuft, zeigen sich nur geschminkt und erfolgreich, aber sie zeigen sich nie, wenn sie genauso zu Hause liegen und sich mit jemandem vergleichen, von dem sie glauben, dass dieser Jemand noch ein besseres Leben führt. Immer mit dem Gedanken: »Wenn« sie die Dinge haben, die jemand anderes, der glücklich ist, bereits hat, »dann« wären sie auch glücklich – obwohl sie eigentlich unzufrieden mit sich selbst sind. Deshalb ist es superwichtig, zu verstehen, dass du in dir zuerst das Gefühl der Selbstliebe erwecken darfst. Denn wenn du erst einmal verstanden hast, dass du wahrhaftig einzigartig bist, dass es dich, so wie du bist, kein zweites Mal mehr auf der Welt gibt und wenn du beginnst, deine Einzigartigkeit zu lieben, gibt es in deinem Leben kein »Wenn – dann« mehr. Es gibt keine Konkurrenz mehr, weil du verstehst, dass du dich nicht vergleichen kannst.

Durch dieses Vergleichen rückt dein Ziel, nämlich dich selbst lieben zu können, immer weiter weg. Ich habe dir vorhin bereits erzählt, dass wir das Vergleichen bereits im Alter von null Jahren erleben. Wir erleben es tagtäglich, werden darauf programmiert, uns immer wieder umzuschauen, wer es wohl besser haben könnte. Aber dich, die Person, die gerade dieses Buch liest, dich gibt es nur ein einziges Mal auf dieser Welt. Bist du dir dessen bewusst? Bist du selbst-bewusst genug, um dieses Geschenk zu erkennen? Deine wunderschönen Augen, deine Nase, dein perfektes Lächeln, deinen Körper, deinen Geist, deine Seele – all das gibt es nur ein einziges Mal auf dieser Welt. Es hat überhaupt keinen Sinn, sich zu vergleichen. Warum willst du jemand anderes sein, wenn das, was du bist, das größte Wunder auf Erden ist? Deinen Fingerabdruck, deinen Körper, deine Stimme wird es im gesamten Universum nur ein einziges Mal geben. Dich wird es so, wie du heute lebst und wie du heute dieses Buch liest, nie wieder geben. Ist das denn nicht schon Grund genug, um uns in der Tiefe selbst zu lieben? Ist das denn nicht schon Grund genug, um all die negativen Glaubenssätze und langweiligen, eintönigen Weltanschauungen endlich loszulassen? Du bist ein wunderschöner Juwel, der nur erst geschliffen werden muss. All die auferlegen Muster und negativen Selbstgespräche dürfen weggeschliffen werden, um den Diamanten, der sich darunter verbirgt, endlich strahlen zu lassen. Das ist das Einzige »Wenn – dann«, welches du ab heute anwendest. »Wenn ich Schicht für Schicht loslasse, dann erstrahle ich als der wahre Diamant, der ich bin.« Sehne dich nicht nach Erfüllung im Außen, sondern suche deine Erfüllung in dir selbst. Kreiere dieses Gefühl, nach dem du dich so sehr sehnst, »wenn« etwas eintritt, bereits heute in dir selbst.

Du entscheidest, welche Gefühle du fühlst. Du entscheidest, was Reichtum für dich bedeutet. Ich zum Beispiel fühle mich reich. Nicht weil ich eine bestimmte Zahl auf meinem Konto habe oder weil ich mir das kaufen kann, was ich mir kaufen möchte. Ich fühle mich reich, weil ich mit mir selbst so unglaublich zufrieden bin und so stolz auf das bin, was ich mir selbst erschaffen habe. Ich liebe mich mit jeder Zelle, mit jedem Fehler, mit jedem Makel, mit allem, was ich bin.

Und dadurch, dass ich das von mir wahrhaftig im Inneren sagen kann, fühle ich mich in jedem Umstand in meinem Leben reich. Ich habe mich in meiner kleinen Wohnung reich gefühlt und ich fühle mich in meinem riesigen Haus reich. Ich habe mich im VW Polo aus dem Jahre 2000 reich gefühlt und ich fühle mich im DS7 exakt gleich gut. Es ist nichts im Außen, was mir dieses Gefühl gibt, dieses Gefühl existiert in meinem Inneren, seitdem ich das erkannt habe, was ich nun mal bin: ein komplettes Universum in Person.

JOURNALFRAGEN

1. Mit wem vergleichst du dich? Kennst du deren Leben wirklich oder nur kurze Ausschnitte, von denen du glaubst, diese wären ihr Leben?

2. Nach welchem Gefühl sehnst du dich, von dem du glaubst, dass du es erst bekommst, wenn du etwas Bestimmtes erreicht hast?

3. Was gibt dir dieses Gefühl?

4. Wie kannst du dieses Gefühl heute erschaffen?

Ziele

Ziele sind ein wichtiger Bestandteil unseres Lebens und können uns dabei helfen, uns auf das zu konzentrieren, was für uns in unserem Leben wirklich wichtig ist. Ein Ziel ist eine Absicht oder ein Wunsch, den wir uns selbst setzen, um etwas zu erreichen. Um ein Ziel zu erreichen, ist es wichtig, dass es realistisch und spezifisch ist, und hierbei möchte ich dich daran erinnern, dass du selbst entscheidest, was für dich in deinem Leben realistisch ist. Es ist auch wichtig, dass du ein Ziel setzt, das für dich persönlich von Bedeutung ist, denn wenn du ein Ziel hast, das für dich nicht wichtig ist, wirst du wahrscheinlich nicht die Motivation haben, es zu erreichen.

Du brauchst etwas, was dich wirklich aufblühen lässt und was anhand deiner Werte auch zu dir passt. Wenn du dir selbst ein Ziel setzt, mach immer wieder einen Check-in, ob dieses Ziel dein eigenes Ziel ist oder ob du es von jemand anderem angenommen hast. Ich zum Beispiel habe mich, als ich vierzehn war, dazu entschieden, die Lehre zur Konditorin zu machen, und sind wir uns ehrlich – so gut wie niemand von uns weiß mit vierzehn Jahren, was er eigentlich im Leben will. Wir werden ständig gefragt, »was wir werden wollen«, und bekommen somit automatisch suggeriert, dass wir nichts sind. Und dass wir erst etwas machen müssen, um etwas zu sein. So habe ich diese Lehre begonnen und im Grunde hat sie mir immer großen Spaß gemacht. Ich habe jahrelang als Konditorin gearbeitet, bis zu dem Zeitpunkt, an dem mich diese Arbeit psychisch extrem belastet hat und ich gekündigt habe. Durch die ganze Arbeit an mir selbst habe ich irgendwann bemerkt, dass es nie mein Ziel war, Konditorin zu sein. Meine Mama hat es geliebt, zu backen und durch sie bin ich überhaupt erst zu diesem Job gekommen. Natürlich orientieren wir uns hier auch wieder extrem an unsere engsten Bezugspersonen, denn in der Pubertät wissen wir noch nicht zu hundert Prozent, dass wir bereits alles sein können, was wir sein wollen. Du darfst also eine Bestandsaufnahme deiner Ziele machen und dich ganz genau damit auseinandersetzen, warum du dieses Ziel erreichen möchtest.

Es ist wichtig, ein Warum hinter deinem Ziel zu haben, welches dich im besten Falle tiefgründig berührt und aus der höchsten und besten Version von dir heraus entsteht. Um dann dein Ziel zu erreichen, solltest du einen Plan erstellen und wirklich konkrete Action-Steps aufschreiben. Überlege dir, welche Schritte du unternehmen musst, um dein Ziel zu erreichen, und schreibe sie in deinem Notizbuch nieder.

So hast du für dich eine gute Klarheit und das Gefühl von Überforderung bleibt fern. Wenn du ein Ziel hast, das sehr groß ist, solltest du es in kleinere Schritte unterteilen, um es einfacher zu machen.

Wenn du beispielsweise ein Ziel hast, ein Buch zu schreiben, könntest du es in kleinere Schritte wie das Schreiben eines Kapitels oder das Erstellen einer Gliederung unterteilen. Es ist auch wichtig, dass du dich auf dein Ziel konzentrierst und dich nicht ablenken lässt, vor allem von Limitierungen im Außen. Ich habe schon sehr oft gehört, dass man seine Ziele für sich behalten und im Stillen darauf hinarbeiten soll, ohne sie groß hinauszuposaunen. Früher habe ich das nicht verstanden, weil ich mir immer dachte, dass es doch wichtig sei, zu sich zu stehen und seine Wahrheit zu kommunizieren, was grundsätzlich absolut richtig ist. Jedoch kann das höchstwahrscheinlich nicht jeder in deinem Umfeld, und vielleicht gibt es Menschen, die limitierende Glaubenssätze zu deinem Zielthema haben, oder Menschen, die es nervt, dass du zielstrebig bist und dich daher unterbewusst und aus ihrem Ego heraus davon abhalten wollen, nach deinen Zielen zu streben. Daher finde ich es einen guten Tipp, selbst nach deinen Träumen und Zielen zu greifen. Es braucht ja auch sonst niemanden dazu. *zwinker* Wenn du dein Ziel erreichen möchtest, musst du Zeit und Energie investieren und die Stimmen im Außen ausschalten. Wenn du dich ablenken lässt, wird es immer schwieriger, dein Ziel zu erreichen. Stichpunkt: Social Media. Achte auch hier nochmals ganz bewusst darauf, dass du Social Media mit Maß und Ziel nutzt und am besten wirklich nur, um dich inspirieren zu lassen. Schließlich solltest du dich nicht entmutigen lassen, wenn du auf Hindernisse stößt, denn jeder hat Rückschläge, aber es ist wichtig, dass du dich wieder aufraffst und weitermachst. Hier möchte ich am Ende dieses Kapitels auf ein Zitat von Thomas Alva Edison hinweisen. Er hat nach der Erfindung der Glühbirne gesagt: »Ich bin nicht tausend Mal gescheitert, sondern habe nur tausend Wege entdeckt, wie es nicht funktioniert.«Lieben wir.

ÜBUNG

HIER MÖCHTE ICH DIR EINE KLEINE ÜBUNG AUS DEM COACHING-BEREICH MITGEBEN, DIE SICH DER »SUCCESS LOOP« NENNT:

1. Warum bin ich gerade unzufrieden?

2. Wer/Was möchte ich nicht sein?

3. Wer möchte ich sein?

4. Wie würde die Zukunft ohne Veränderung aussehen?

5. Wie sieht meine optimale Zukunft aus?

6. Was brauche ich, um dorthin zu kommen?

7. Was sind meine nächsten Schritte?

8. Wie beschleunige ich den Weg dorthin?

Diese Übung kann dir sehr gut dabei helfen, die tieferen Gründe deines Zieles aufzudecken.

Viel Spaß damit!

JOURNALFRAGEN

1. Welches sind die drei wichtigsten Ziele, die du in den nächsten zwölf Monaten erreichen möchtest?

2. Welche Schritte wirst du unternehmen, um diese Ziele zu erreichen?

3. Was ist der erste Schritt, den du heute tun könntest, um deinen Zielen näherzukommen?

4. Welche Ressourcen und welche Unterstützung brauchst du, um deine Ziele zu erreichen?

Warum dir im Alltag so vieles so schwerfällt

Es gibt Menschen, und vielleicht gehörst du zu ihnen, denen im Alltag vieles einfach sehr schwerfällt. Und das meine ich nicht körperlich, aufgrund einer physischen Einschränkung, schwer, sondern mental. Ich kenne viele Menschen, die im Alltag sehr nachdenklich sind, die depressive Verstimmungen haben, die von ihrem Leben extrem gestresst und müde sind und die einfach nicht wissen, was sie dagegen tun sollen. In diesem Buch solltest du bis jetzt schon sehr viel darüber erfahren haben, woran das liegen könnte, und weißt vielleicht auch bereits, wie du es ändern kannst. Leider ist es oft aber so, dass sich bestimmte Situationen nicht von jetzt auf gleich ändern lassen. Es braucht viel Zeit, Reflexion und Übung, damit du lernen kannst, »wieder« glücklich(er) zu werden.

Und ich möchte dir jetzt ein paar Praxisübungen mit an die Hand geben, die du heute, jetzt und hier, in der Gegenwart machen kannst, um dein Nervensystem zu regulieren, denn dass dir dein Alltag so schwerfällt und dass du abends ewig wach liegst und grübelst, liegt daran, dass dein Nervensystem nicht in Balance ist. Du bist quasi nicht ausgeglichen und dein Leben geht deshalb meist in die eine oder in die andere Richtung. Dadurch, dass wir Menschen von klein auf lernen, anderen zu gefallen, etwas zu leisten, um Liebe zu bekommen, alleine klarkommen zu müssen und vieles mehr (was du bereits in diesem Buch reflektiert haben solltest), haben wir nie gelernt, unser Nervensystem wirklich zu beruhigen. Wir stehen unter Dauerstrom, Dauerstress, Dauerdruck und die Welt um uns herum ist so schnelllebig, sodass wir uns manchmal so fühlen, als würden wir einfach nicht mithalten können. Als würde unser Leben stillstehen, als würde es allen anderen besser gehen, als wären alle anderen glücklicher als wir.

Doch das Einzige, was diese Menschen höchstwahrscheinlich von dir unterscheidet, ist, dass sie gelernt haben, mit all den »negativen« Faktoren in ihrem Leben umzugehen. Es kommt nichts mehr auf sie zu, was sie erschlägt, sie können in Stresssituationen, Angstsituationen und Drucksituationen besser mit sich selbst umgehen und sich selbst durch verschiedenste Methoden beruhigen. Wenn du also in deinem Leben sehr gestresst bist, viel um die Ohren hast oder generell ein sehr nachdenklicher Mensch bist, dann sind die folgenden Übungen wie für dich gemacht! Baue sie bitte in deinen Alltag ein. Es müssten nicht alle sein, aber zumindest ein oder zwei davon.

Du wirst nach einiger Zeit merken, wie entspannt, gelassen und ausgeglichen du bist, weil dich diese Übungen immer wieder in dein Hier und Jetzt bringen werden – und wie du bereits weißt, ist das superwichtig, um ein positives Leben zu führen.

ÜBUNG

ÜBUNG NUMMER 1: BREATHWORK (ATEMÜBUNGEN)

Etwas, was wir Menschen tatsächlich verlernt haben, ist richtig zu Atmen. Wir hecheln teilweise wie Hunde, und deshalb schlägt unser Herz auch oft so schnell und wir können kaum klar denken, weil niemals genügend Sauerstoff in unser Gehirn dringen kann.

Setze dich also am Tag mehrmals hin und atme ganz bewusst ein und aus. Dazu kannst du verschiedene Techniken verwenden. Meine Lieblingstechniken sind:

Die 4–6–8 Methode:

Atme 4 Sekunden durch die Nase ein (deine Bauchdecke sollte sich beim Einatmen heben, deine Brust sollte sich nicht heben)

Halte den Atem für 6 Sekunden

Atme für 8 Sekunden aus

Atme wieder 4 Sekunden ein …

Wiederhole diese Übung 10–20 Mal hintereinander. Du kannst sie auch am Morgen machen, um gelassen in deinen Tag zu starten und abends, bei entspannender Musik (hier empfehle ich dir die Playlist von Tony Anderson), um einzuschlafen.

ÜBUNG NUMMER 2: MEDITIEREN

Ja, ich weiß, du denkst dir jetzt vielleicht so was wie: »Meditieren – ernsthaft?« – und vielleicht ist hier auch genau eine Weltanschauung und ein Glaubenssatz versteckt, dass Menschen, die meditieren sowieso ganz komische Vögel sind – sind sie aber absolut nicht. Und um zu meditieren, musst du nicht mit dem Rucksack durch die Welt trampen und alternativ leben. Ganz im Gegenteil: Meditation macht deinen Kopf frei und holt dich mit ein wenig Übung wunderbar in deinen Alltag zurück. Beim Meditieren geht es darum, dich hinzusetzen und bewusst wahrzunehmen, was um dich herum passiert. Was hörst du? Was riechst du? Was schmeckst du? Was berührst du? Was spürst du?

Setze dich bequem auf einen Stuhl und mach die Atemübungen von Übung eins. Irgendwann zählst du gar nicht mehr die Sekunden mit, sondern atmest einfach, ohne dich auf deinen Atem zu fokussieren. Auf was du dich jedoch fokussieren darfst, ist zum Beispiel die Luft, die du an deiner Nasenspitze fühlst, wenn du einatmest, und das Kribbeln auf deinen Lippen, wenn du durch den Mund ausatmest.

Du denkst dir jetzt vielleicht, dass du nicht meditieren kannst, weil du zu viel nachdenkst und weil deine Gedanken viel zu laut sind, um dich konzentrieren zu können. Doch genau dafür benötigst du Meditation, denn je öfter du meditierst und für dich übst, dich, dein Nervensystem und deine Gedanken zu beruhigen, desto eher wird dir auffallen, wie viel weniger Gedanken du an negative Dinge verschwendest. Und ja, am Anfang wird dein Kopf explodieren und du wirst viele Gedanken deines Inneren kennenlernen, von denen du vielleicht nicht einmal wusstest, dass sie da sind. Du darfst dir während des Meditierens daher am besten vorstellen, dass deine Gedanken wie Wolken vor dir vorbeiziehen. Denn genauso wie es am Himmel Wolken gibt, gibt es in unserem

Inneren Gedanken. Und nur weil der Himmel an manchen Tagen wolkiger ist, heißt das nicht, dass diese Wolken für immer bleiben. Höre dir für den Anfang am besten geführte Meditationen an, denn es ist zu Beginn leichter, wenn dir jemand sagt, was du dir vorstellen und denken kannst. Geführte Meditationen findest du zum Beispiel bei Spotify oder YouTube.

ÜBUNG NUMMER 3: EMOTIONAL FREEDOM TECHNIQUE (KLOPFTECHNIK)

Die EFT-Technik, besser gesagt die Klopftechnik, ist eine meiner liebsten Methoden, um mein Nervensystem möglichst schnell im Alltag zu beruhigen und wieder in Balance zu bringen. Bei der Emotional Freedom Technique klopfst du auf bestimmte Meridiane unseres Körpers. Meridiane sind Akkupressurpunkte, an denen sich etliche Nervenbahnen kreuzen und verbinden. Wenn du auf diese bestimmten Punkte klopfst und gleichzeitig positive Sätze im Gedanken wiederholst oder sie gerne auch laut aussprichst, beginnt die Energie, die sich in deinen Nervenbahnen angestaut und gestockt hat, wieder zu fließen. Du bringst also mit der Klopftechnik schlicht und einfach die Energie in dir wieder in Fluss.

Um mit der EFT-Session zu beginnen, ist es vorab wichtig, dass du das Gefühl, das du fühlst, benennst. Ist es Wut? Trauer? Angst? Stress? Druck? – Was auch immer es ist, gib dem Gefühl in dir einen Namen, benenne es in einem Satz und bewerte es auf einer Skala von 1 bis 10, wobei 10 ganz schlimm ist und 1 völlig aufgelöst. Du kannst so etwas sagen wie: »Ich bin gerade richtig wütend auf meine Arbeitskollegin!«

Dann beginnst du in der ersten Runde, mit deinem Zeige- und deinem Mittelfinger auf die Akkupressurpunkte zu klopfen und folgende Sätze auszusprechen:

1. Beginne an der Außenkante deiner linken Hand. Klopfe mittig mit dem Zeige- und dem Mittelfinger in einer Geschwindigkeit, die sich für dich gut anfühlt und sage dabei Folgendes: »Gerade spüre ich (hier fügst du dein Thema ein) und ich liebe und akzeptiere mich selbst vollkommen.«
2. Klopfe jetzt mit beiden Händen, jeweils mit dem Zeige– und dem Mittelfinger auf deinen Scheitel. Sage dabei Folgendes: »Obwohl ich gerade extreme ...... verspüre, liebe und akzeptiere ich mich selbst.«
3. Klopfe nun über deine Augenbrauen und sage dabei diese Worte: »Auch wenn ich gerade ...... und es mir nicht gut geht, liebe und akzeptiere ich mich selbst.«
4. Klopfe nun auf deine Schläfen und sage Folgendes: »Es ist okay, dass ich ...... fühle. Ich bin okay, wenn ich so fühle. Ich liebe und akzeptiere mich selbst.«
5. Klopfe nun auf deinem Jochbein, also der Punkt unterhalb deiner Augen und sprich folgenden Satz laut aus: »Auch wenn ich gerade ..... spüre, bin ich gut genug. Ich liebe und akzeptiere mich selbst.«
6. Klopfe nun auf den Punkt unter deiner Nase und sag Folgendes: »Eigentlich ist es vollkommen okay, ... zu fühlen, denn es zeigt mir, dass ich tiefe Gefühle fühlen kann.«

7. Als Nächstes klopfst du auf dein Kinn und sagst: »Ich bin vollkommen okay, auch wenn ich ...... fühle.«
8. Klopfe nun auf den Punkt über deinem Schlüsselbein (du findest ihn, indem du darauf achtest, dass an einem Punkt über deinem Schlüsselbein dein Körper »weicher« ist) und sage dir Folgendes: »Auch wenn ich ....., liebe und akzeptiere ich mich selbst.«
9. Klopfe nun mit der flachen Hand auf deine Rippen und atme tief ein und tief aus. Sag: »Es ist okay, wenn ich ...... fühle. Ich liebe und akzeptiere mich vollkommen.«

Wenn du mit Runde Nummer 1 fertig bist, bewerte dein Gefühl auf der Skala neu. Wiederhole diese Klopfrunden so lange, bis dein Gefühl auf einer 0 steht, du es also nicht mehr spürst oder zumindest so lange, bis dieses Gefühl eine so niedrige Zahl erreicht hat, dass es dich nicht länger belastet.

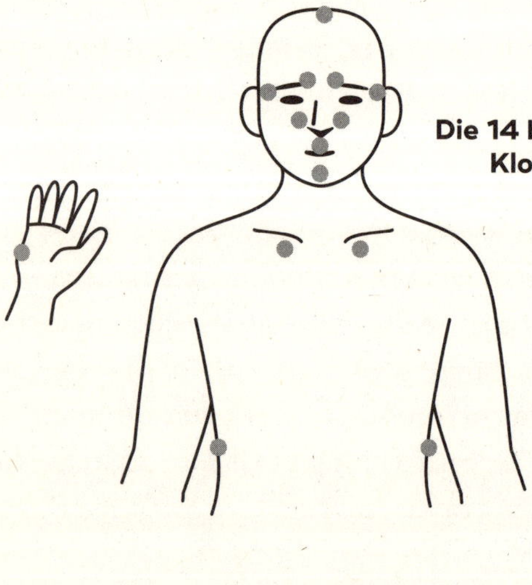

Die 14 bekanntesten Klopfpunkte

ÜBUNG NUMMER 4: BEWEGUNG!

Der Grund, warum du deine Emotionen so stark fühlst, ist, dass sie sich angestaut haben und du ihnen höchstwahrscheinlich zu wenig Aufmerksamkeit geschenkt hast. Es ist also superwichtig, dich zu bewegen, damit die angestauten Emotionen in deinem Körper wieder fließen können. Wenn du in deinem Alltag Gefühle wie Wut, Angst, Hass, Trauer, Stress oder Druck fühlst dann sorge dafür, dass du dich möglichst viel bewegst. Der größte Fehler, den du nach einem Arbeitstag, wenn du dich ohnehin müde und erschöpft fühlst, machen kannst, ist, dich direkt auf das Sofa zu legen und sich von Netflix berieseln zu lassen. So schenkst du dir nicht nur keine Aufmerksamkeit – du gibst auch deinem Gehirn keinen Freiraum, alles, was an diesem Tag passiert ist, überhaupt erst einmal zu verarbeiten. Der Grund, warum du unglücklich und depressiv verstimmt bist, ist, dass du deine Gedanken und Gefühle immer weiter unterdrückst, indem du sie mit Fernsehen zu beruhigen versuchst.

Wenn du mal darüber nachdenkst, warum du nicht einschlafen kannst, weil du wieder Tausende Gedanken im Kopf hast – beginne einmal auf die Dinge zu achten, die du vor dem Einschlafen tust. Was isst du? Gehst du an die frische Luft? Widmest du dich dir selbst? Oder lässt du dich einfach von irgendeiner sinnlosen, vielleicht negativen Serie berieseln? Beginn Abend- und Morgenspaziergänge zu machen, tanze jeden Abend barfuß zu deinem Lieblingssong, geh in's Gym oder mach' eine Runde Yoga – was auch immer es ist: Bewege dich und schalte den Fernseher und das Handy mindestens eine Stunde vor dem Schlafengehen aus. Du wirst merken, wie sich dein komplettes System von heute auf morgen völlig verändert.

ÜBUNG NUMMER 5: LIEBHABEN

Was ich dir mit diesem Buch unter anderem ans Herz legen möchte, ist, dass du (wieder) beginnen darfst, deine Gedanken und Gefühle aufzuschreiben. Es ist so wichtig, sich all das, was sich in dir befindet, aus dir herauszubringen, um Abstand dazu zu gewinnen, und das schaffst du am besten, indem du einen Zettel und einen Stift nimmst und einfach drauflosschreibst. So wie wir alle es früher mit unseren Tagebüchern gemacht haben. Als Kind beziehungsweise als Jugendliche hatte ich ständig so ein Chaos in meinem Kopf – ich weiß heute noch, dass ich an so vielen Tagen so unglaublich viel nachgedacht habe.

Natürlich über Dinge, über die ich heute schmunzeln muss, aber damals haben mich meine Gedanken und Gefühle wirklich belastet, und ich konnte oft nicht einschlafen. Bis zu dem Zeitpunkt, als ich mein erstes Tagebuch geschenkt bekommen habe. Seitdem verstehe ich die Wirkung vom Liebhaben, also Aufschreiben, umso besser. All die Gedanken und Gefühle, die für mich keinen Sinn ergaben, wenn ich über sie nachgedacht habe, ergaben plötzlich einen Sinn, wenn ich sie aufgeschrieben und sortiert vor mir hatte. Sogar heute als Mama weiß ich: Es ist das Beste für mich, meinen Mental Load zu Papier zu bringen und einfach alles bis ins kleinste

Detail aufzuschreiben. Was ich denke, fühle, was ich tun und erledigen muss – ich schreibe mir alles auf. Morgens und abends sitze ich jeweils fünf bis zehn Minuten mit meinem Notizbuch am Tisch und schreibe auf, was sich in mir befindet, und ich merke immer eine sofortige Besserung meines Mental Loads. Und auch hierzu schreiben mir viele aus meiner Community immer wieder: »Ja aber Betty, was soll ich denn dann schreiben?« – Nimm dein Notizbuch und deinen Stift und schreibe erst einmal den heutigen Tag und das Datum auf. Dann beginnst du den Satz mit »Liebes Journal, heute fühle ich mich ... weil ...«, und du wirst sehen, wie sich plötzlich alles in dir von alleine löst.

ÜBUNG NUMMER 6: MALEN

Ja, du hast richtig gelesen. Malen. Und ich weiß, du wirst dich jetzt fragen, ob ich allen Ernstes behaupten will, dass du mit Malen deinen Stress, Druck, deine Ängste und deine Wut abbauen kannst und ja! – kannst du. Beim Malen passiert nämlich exakt dasselbe wie beim Liebhaben. Du bringst deine Gedanken zu Papier und damit aus dir heraus. So kannst du einen tollen Abstand schaffen. Außerdem ist Malen, besonders Mandala malen, eine extrem meditative Beschäftigung und kann dir dabei helfen, deine Gedanken für eine Zeit lang auszuschalten. Als Kinder haben wir alle immer einfach ein Blatt Papier genommen und das, was sich gerade in unserem Köpfchen befunden hat, zu Papier gebracht. Warum nicht auch heute noch? Ganz abgesehen davon, dass du mit Malen und generell mit Dingen, die deine

Kreativität entfachen, dein inneres Kind wachsen lässt und es glücklich machst, machst du damit auch automatisch dich selbst glücklich und zufrieden. Du spürst dieselben Gefühle, die du als Kind gefühlt hast, wenn du einfach malen und kreativ sein durftest.

ÜBUNG NUMMER 7: POSITIVE AFFIRMATIONEN

Ich habe mich immer gefragt, wie ich mich denn im Alltag konstant daran erinnern kann, positiv zu denken, denn es passiert uns zu oft, dass wir in alte Muster verfallen. Ein absoluter Gamechanger waren für mich kleine Post-its mit positiven Affirmationen. Ich habe sie in meiner ganzen Wohnung verteilt und habe neben jeden Spiegel einen Zettel mit zehn positiven, bekräftigenden Sätzen befestigt. Beim Vorbeigehen hat es sich anfangs komisch angefühlt, und ich habe mir die Sätze immer wieder durchgelesen. Dadurch habe ich sie irgendwann verinnerlicht und mein gesamtes Selbstgespräch hat sich geändert. Ich habe die Sätze schon nach kurzer Zeit auswendig gekannt und mir selbst dadurch sofort positiv zugesprochen, sobald ich nur einen Teil des Zettels gesehen habe. Bekräftigende Sätze für den Alltag, die du dir auf einen Zettel aufschreiben kannst, sind zum Beispiel:

1. Ich liebe mich, wie ich bin.
2. Ich bin wertvoll.
3. Ich nehme meine Gefühle an und liebe und akzeptiere mich selbst.
4. Ich bin von Positivität umgeben.

5. Ich schaffe, was ich mir vornehme.
6. Ich bin gesund und glücklich.
7. Ich treffe die richtigen Entscheidungen und bin frei von Blockaden.
8. Ich bin einzigartig!

Ich habe solche Sätze überall auf Zettelchen stehen, und diese Zettelchen findest du in so gut wie jeder meiner Taschen, in meiner Brieftasche, als Hintergrundbild auf meinem Handy, als Bilder an der Wand, auf Post-its neben meinem Schreibtisch und auf meinen Spiegeln.

Ich wünsche dir unglaublich viel Spaß dabei, einige dieser Übungen in deinen Alltag einzubauen!

Heilung

Und jetzt kommen wir zu einem für mich sehr wichtigen Thema, dem ich eines dieser wundervollen Unterkapitel widmen möchte. Du hast jetzt schon unglaublich viel über dich selbst erfahren, hast durch die Journalfragen dein gesamtes Leben reflektiert, hast hoffentlich schon unglaublich viel über dich selbst herausgefunden und neue Seiten von dir kennengelernt. Vielleicht hast du in diesem Buch auch Themen gefunden, die du aus anderen Büchern noch nicht kennst, und vielleicht habe ich dich mit meinen Worten bereits in der Tiefe erreicht. Etwas, das ich dir mit diesem Buch aber ebenso mitgeben möchte, ist, dass das Wort Heilung, wie ich es in diesem Buch verwende, absolut nicht bedeutet, dass etwas mit dir nicht stimmt oder dass ein Anteil in dir nicht mehr da sein darf. Ich weiß, dass du wahrscheinlich schon oft gelesen hast, dass du dich selbst heilen darfst, dass du dein Inneres heilen darfst, dass es die Innere-Kind-Heilung gibt und viele andere Anteile von dir, die in der Persönlichkeitsentwicklungs-Bubble »heilen« dürfen.

Das heißt aber noch lange nicht, dass etwas an dir deshalb nicht richtig ist, fehl am Platz ist, geändert werden muss oder dass du erst einmal heilen musst, um dein Leben wieder zu lieben. Ich gebe dir in diesem Buch Themen mit, die deine Vergangenheit, deine Gegenwart und deine Zukunft betreffen, und ja, du darfst Dinge in dir verändern, damit sich die Dinge im Außen auch verändern. ABER: Du musst von nichts »heilen«, denn du bist absolut richtig, so wie du bist. Du bist nicht kaputt, weil du verletzte Anteile in dir trägst, und du bist nicht falsch, wenn du deine Emotionen und Gefühle kennenlernst. Du bist nicht weniger Wert als Menschen, die sich bereits tief in der persönlichen Entwicklung befinden, denn was bedeutet denn das Wort »ent-wickeln«? Es bedeutet, dass du all das, was sich wie ein Schleier auf dich gelegt hat, von dir gibst und dich aus diesem Schleier »entwickelst«, damit dein wahres Ich zum Vorschein kommt.

Du musst nicht heilen von Dingen, die dich belastet haben, und es wird in deinem Leben Situationen geben, die dir immer in Erinnerung bleiben werden. Ich möchte dich mit diesem Buch einzig und alleine darauf aufmerksam machen, dass du deine Blickwinkel auf diese Dinge ändern kannst und ändern darfst. Du musst das, was du bist, nicht erst heilen, um vollständig zu sein – du darfst das, was du bist, all das, was du erlebt hast und was dich geprägt hat schlicht und einfach annehmen und akzeptieren, dass die Umstände so waren, wie sie nun einmal gewesen sind. Bitte glaube niemals, dass du nicht wertvoll bist oder dass du kaputt bist – sei dir immer bewusst, dass du als Mensch trotzdem vollständig bist und es einzig und alleine darum geht, durch welche Brille du die Welt und all ihre Geschehnisse siehst.

Rise and Shine: die Zukunft

Warum du hier bist

Bestimmt hast du dich bereits mindestens einmal in deinem Leben gefragt, was du hier auf dieser Welt eigentlich zu suchen hast. Vielleicht ist dein Leben aktuell schwierig, und du fragst dich, warum du überhaupt hier auf dieser Welt bist. In diesem letzten Teil des Buches möchte ich mit dir in deine Seele reisen und dich daran erinnern, warum du hier bist.

Ich liebe es nämlich, die Persönlichkeitsentwicklung holistisch zu betrachten. Holistisch bedeutet ganzheitlich, und ganzheitlich meint, dass du dich nicht nur auf deinen Körper oder nur auf deinen Geist oder nur auf deine Seele fokussierst – sondern, dass du Körper, Geist *und* Seele betrachtest und dich als großes Ganzes kennenlernst. Ich halte nicht viel davon, immer nur einem Ansatz nachzujagen und diesen für die einzige Wahrheit zu halten, sondern bin ein großer Fan davon, alle Themen, die es rund um die Persönlichkeitsentwicklung gibt, kennenzulernen und ihnen eine Chance zu geben. Woran du dann glaubst und was sich für dich richtig und stimmig anfühlt, entscheidest einzig und alleine du, aber bitte versprich mir, dass du immer offen für alles bleibst und immer wissbegierig jedem neuen Thema in deinem Leben, das dafür sorgen könnte, dass du dich noch besser kennenlernst, eine Chance zu geben. Denn genau dafür bist du hier. Du bist als wunderschöne Seele auf diese Welt gekommen und bist hier, um auf der physischen Welt Erfahrungen zu machen. In diesem letzten Teil wird es sich viel um Spiritualität drehen, und generell werde ich dir viel darüber erzählen, wie du dir dein Traumleben manifestieren und dich noch besser kennenlernen kannst. Beim Thema Spiritualität und Manifestieren wird ganz gerne mal suggeriert, dass du einfach nur ganz positiv denken und dir deine Wünsche ganz fest wünschen musst – dann werden sie in Erfüllung gehen.

Ganz so ist das jedoch nicht. Denn du bist hier auf dieser physischen 3D-Welt, die du mit deinen fünf Sinnen wahrnehmen kannst, im Körper eines Menschen und das bedeutet, dass du Gedanken denkst und Gefühle fühlst, die dich oftmals daran hindern, dein Traumleben zu erschaffen. Doch genau dafür sind wir hier. Genau diese Erfahrungen sind es, die unsere Seele machen möchte. Jedes einzelne Gefühl, welches du fühlst, ist dazu da, dass du daraus etwas lernen kannst. Jedes einzelne Erlebnis in deinem Leben ist dazu da, um diese Erfahrung zu machen und daran zu wachsen. Alles, was dir in deinem Leben hier auf dieser Erde passiert, passiert dir deshalb, weil dein inneres Universum ganz genau weiß, dass du diese Erfahrungen machen möchtest, um daran zu wachsen und dich weiterzuentwickeln. Ich weiß, dass du dir jetzt vielleicht denkst, dass du dir niemals Erfahrungen aussuchen würdest, die dich in den tiefsten Tiefen deiner Seele verletzt haben – doch genauso ist es.

Du bist hier, um jedes einzelne Gefühl zu fühlen. Von Hass, über Liebe, über Wut, Trauer, Angst, Groll, Schmerz, Selbstliebe, Selbstvertrauen, Vertrauen und noch so vielem mehr. Du darfst verstehen, dass es im Leben nicht darum geht, dass du 24/7 glücklich bist und Glück verspürst. Das Leben ist dazu da, um es zu leben, und aus allem, was in deinem Leben passiert, zu lernen. Du bist hier, um an all den Gefühlen, die durch Erfahrungen entstehen, zu wachsen. Vielleicht fragst du dich jetzt auch, warum du bestimmte Gefühle und Erlebnisse immer wieder durchmachen musst, und auch das ist einfach zu beantworten: Du hast vielleicht noch nicht die nötigen Learnings daraus gezogen, die es benötigt, um solche Situationen nicht mehr in dein Leben zu ziehen. Wenn du also immer wieder die gleichen Erfahrungen machst, wird es an der Zeit, dich selbst zu fragen, was dein Universum dir immer wieder zeigen möchte, was du ändern darfst und was du lernen solltest. Du darfst verstehen, dass jedes Gefühl, jeder Gedanke, jede Situation, jeder Mensch, alles, was du in deinem Leben erlebst, dafür da ist, um daraus zu lernen und Erfahrungen zu sammeln.

Sei niemals wütend auf Menschen, die dich in der Vergangenheit verletzt haben, sondern frage dich immer, was dir dein Universum damit sagen wollte.

Frage dich immer, was du aus der Situation, in der du gerade bist, lernen kannst, und was du dafür tun musst, um nicht immer wieder dieselben Situationen anzuziehen. Wenn du immer wieder Beziehungen mit toxischen Menschen führst, darfst du vielleicht lernen, dich selbst mehr wertzuschätzen, zu lieben und deine Grenzen zu zeigen. Solange du das nicht lernst, wird dein Universum immer dafür sorgen, dass du weiterhin solche Menschen in dein Leben ziehst, die dir dabei »helfen« sollten, diese Erfahrung zu machen und an ihr zu wachsen. Wenn du immer wieder auf Vorgesetzte triffst, die dich runtermachen, darfst du vielleicht im Job deine Grenzen zeigen und lernen, dass jeder Mensch gleich viel Wert ist und niemand auf einem Treppchen über oder unter dir steht. Wenn dein Ex-Freund sich zum siebenundzwanzigsten Mal bei dir meldet, weil du die sechsundzwanzig Male davor immer nachgegeben hast, nie daran gewachsen bist und nie gelernt hast, ihn loszulassen und dich selbst mehr wertzuschätzen, liefert dir dein Universum genau deshalb deinen Ex-Freund zum siebenundzwanzigsten Mal – damit du es vielleicht dieses Mal verstehst. Das Allerwichtigste ist, dass du verstehst, dass am Ende immer *du* ein Learning aus Situationen, die dir in deinem Leben passieren, ziehen solltest, und dass dir dein Universum deine blinden Flecken so lange aufzeigt, bis du endlich hinsiehst. All die wunderbaren Seelen, die du bereits in deinem Leben kennengelernt hast, sind ebenso dafür da, um etwas daraus zu lernen. Kein Mensch begegnet dir einfach aus Zufall.

Etwas, das ich verinnerlicht habe und was mir erst bewusst geworden ist, als ich begonnen habe, über mein Leben nachzudenken, ist, dass eine ewig lange Reihe an Ereignissen geschehen musste, damit ich heute hier stehe, wo ich stehe. So viele Entscheidungen wurden getroffen – wäre nur eine anders ausgefallen, würdest du dieses Buch vielleicht niemals in deinen Händen halten. Und genau deshalb glaube ich nicht an Zufälle oder Schicksal, denn das würde bedeuten, dass ich mich meinem Leben einfach hingebe und den Glaubenssatz, dass »das Leben nun mal so ist« nur noch verstärke. Nein – ich bin der festen Überzeugung, dass all die Entscheidungen, die bewusst von Menschen getroffen wurden, deshalb getroffen wurden, weil diese Menschen für diese Erfahrungen auf der Welt sind. Wenn ich zum Beispiel über mein heutiges Leben nachdenke, hier sitze und an meinem Buch schreibe, während meine Tochter im Zimmer über mir schläft und mein Mann beim Fußballtraining ist, wird mir wieder bewusst, wie viele Entscheidungen getroffen wurden, damit ich genau so leben kann. Angefangen bei meinen Eltern, die sich geliebt haben, damit ich überhaupt hierherkommen konnte. Dann haben sich meine Eltern getrennt und meine Mutter hat meinen Stiefpapa kennengelernt, welcher aus einem völlig anderen Ort kam als sie. Sie hat sich dafür entschieden, mit uns Kindern zu ihm zu ziehen, in das Tal, in dem mein heutiger Mann aufgewachsen ist – und er ist nur hier aufgewachsen, weil seine Mama sich entschieden hat, von Osttirol nach Kärnten zu ziehen und ihr Zuhause für ihre große Liebe zu verlassen. Unser Leben entsteht aus einer Reihe von Ursachen und Wirkungen, von Entscheidungen und Erfahrungen und genau dafür sind wir hier. Dafür ist deine Seele hier. Ich kenne sehr viele Menschen, die sich in ihrem Leben immer wieder fragen, warum ihnen dies oder jenes passiert. Die klassische Frage der Opferrolle: »Warum passiert das immer mir?« Du darfst reflektieren, WARUM dir etwas geschieht. Was möchte dein Universum dir beibringen? Wofür möchte dein Universum gerade sorgen? Was in deinem Leben darf oder muss sich ändern? Es ist nämlich so, dass unser Universum uns immer wieder Lektionen gibt, um sie zu meistern und um an ihnen zu wachsen.

Dein Universum sorgt mit allem in deinem Leben dafür, dass du in Situationen gebracht wirst, in denen du dich für Wachstum oder für Stagnation entscheiden kannst. Deine Seele möchte all diese Erfahrungen machen, und du darfst sie dabei unterstützen, indem du die Learnings aus diesen Erfahrungen verstehst und verinnerlichst.

JOURNALFRAGEN

1. Welche Entscheidungen wurden getroffen, damit du heute hier bist, wo du bist?

2. Welche Erfahrung hat dich in deinem Leben besonders verletzt?

3. Was hast du daraus gelernt?

4. Welche Situation liefert dir dein Universum immer wieder?

5. Was sollst du endlich aus dieser Situation lernen?

Manifestieren

Bestimmt hast du in deinem Leben schon einmal von dem Wort Manifestieren gehört. Wenn nicht, dann freut es mich riesig, dass ich dich mit diesem Buch in das Thema des Manifestierens einführen darf, denn Manifestieren ist wahrhaftige Magie. Aber keine Magie in dem Sinne, wie du sie aus Märchen kennst. Nein, wenn du verstehst, was es bedeutet, zu manifestieren, werden sich in deinem Leben ganz plötzlich ganz viele Türen öffnen, und du wirst dich fragen, warum sich plötzlich alles so fügt, wie du es möchtest. Kurz erklärt bedeutet Manifestieren, sich mithilfe seiner Gedanken und Gefühle seine Realität zu erschaffen.

Du hast bereits in den letzten Kapiteln mitbekommen, wie wichtig es ist, auf seine Gedanken und Gefühle zu achten, denn sie formen deine Realität. Und genau dieses Formen der Realität nennt sich Manifestieren. Ich weiß, dass viele Menschen glauben, dass Manifestieren bedeutet, sich etwas ganz fest zu wünschen, damit es irgendwann wahr wird, so läuft das aber nicht so ganz ab. Denn um wirklich all deine Träume und Ziele manifestieren zu können, braucht es um einiges mehr, als sich seine Träume und Wünsche einfach aufzuschreiben oder Gott, das Universum, Allah oder einer anderen höheren Macht, an die du glaubst, von deinen Träumen und Wünschen zu erzählen und sie darum zu bitten, sie in Erfüllung gehen zu lassen. Grundsätzlich darfst du wissen: Deine Träume und Wünsche brauchen absolute Klarheit, denn vielleicht ist es dir bereits aufgefallen, aber ich möchte es hier nochmals wiederholen: Alles, was du fühlst, denkst, aussprichst und zu Papier bringst, formt sich in deiner Realität. Vielleicht hast du dir schon einmal etwas Bestimmtes gewünscht und es ist auf verrückteste Art und Weise zu dir gekommen, oder du musstest zuerst durch schlimme Zeiten gehen, damit dein Universum endlich den Wunsch erfüllt hat, nach dem du dich so sehr gesehnt hast. Du darfst ab heute sehr genau darauf achten, was du denkst, was du sprichst, was du in dein Universum raussendest und wie es zu dir zurückkommen soll. Du manifestierst also nicht nur, wenn du dir gerade etwas ganz fest wünschst und darauf deinen Fokus legst – du manifestierst zu jeder Zeit, an jedem Ort. Aber beginnen wir von ganz vorne, damit du auch aus wissenschaftlicher Sicht verstehst, was es bedeutet, mit seinen Gedanken seine eigene Realität zu erschaffen.

Ein Meer voller Möglichkeiten

Dr. Ulrich Warnke hat einmal so schön gesagt: »Alles, was du in das Meer voller Möglichkeiten hinaussendest, formt sich dort und zeigt sich früher oder später in deiner Realität.« Doch was ist das Meer voller Möglichkeiten überhaupt? Lass es mich dir so erklären: Wir Menschen leben auf einer materiellen Welt, sprich, wir können mit unseren fünf Sinnen sehen, fühlen, hören, riechen und schmecken, um die Dinge um uns herum wahrzunehmen. Prinzipiell ist es für uns als Mensch nun so, dass alles, was wir nicht mit unseren fünf Sinnen wahrnehmen können, für uns nicht existiert. Doch so ganz stimmt das nicht. Du darfst verstehen, dass wir Menschen und alles, was wir mit unseren fünf Sinnen um uns herum wahrnehmen können, aus Protonen, Neutronen und Elektronen in einer Atomhülle bestehen. Das dürftest du bereits in der Schule im Physikunterricht gelernt haben. Wird etwas fest, sammeln sich mehrere Atome auf einem Fleck und formen somit etwas Festes.

Zum Beispiel dieses Buch. Milliarden von Atomen wurden zu einem festen Bestandteil zueinandergefügt, sodass dieses Buch entstehen konnte. Würde man dieses Buch nun wieder in all seine einzelnen Teile zerlegen, würdest du sehen, dass diese Teilchen, die gerade so eng beieinanderlagen, irgendwann nicht mehr so nahe beieinanderliegen. Dazwischen entsteht Leere, für uns das »Nichts«. Doch das Nichts, so wie wir es kennen, ist nicht nichts – es ist das Meer voller Möglichkeiten. Dieses Nichts besteht aus Milliarden von Informationen. Es ist dasselbe Nichts, das sich in uns befindet. Wenn man uns Menschen unter ein Mikroskop halten würde, würde man sehen, dass sich alle Atome, aus denen wir geformt sind, bewegen, weil sich zwischen den Protonen, Neutronen und Elektronen, mit denen die Atome gefüllt sind, »Leere« befindet. Und genau diese Leere ist dieselbe Leere, dasselbe Meer voller Informationen, voller Möglichkeiten, welches sich auch außerhalb des menschlichen Körpers befindet. Somit kannst du in deinem Inneren, in deinem Meer voller Informationen, dieselben Informationen speichern, die du im äußeren Meer aus Informationen ebenso speichern kannst, und somit formt dein Inneres deine äußere Realität. Materie, also alles, was für uns Menschen fest ist, ist also eine strukturelle Verdichtung von Energie und ihre feste Beschaffenheit somit gewissermaßen eine Illusion. Alles, was wir als Materie wahrnehmen, besteht aus Atomen. Atome = Bausteine aller festen, flüssigen und gasförmigen Stoffe. Atome wiederum bestehen aus einem Atomkern. Dieser besteht aus Protonen, Neutronen sowie einer bewusst wirst mit Elektronen. Bereits hier ist Materie nicht mehr fest. Denn zwischen Atomkern und bewusst wirst befindet sich eine maßlose Leere, die über 99,9 Prozent des Atoms ausmacht. Auch wir Menschen bestehen aus materieller Betrachtung zu über 99,99 Prozent aus Leere. Einerseits können wir Materie also mit unseren fünf Sinnen, sehen, hören, fühlen, riechen und schmecken – sie ist also existent –, andererseits beweist die Physik, dass Materie gleichermaßen nur zu einem verschwindend geringen Teil tatsächlich aus fester Masse besteht. Masse ist also eine verdichtete Form schwingender Energie und kann potentiell wieder in weniger verdichtete Energie umgewandelt werden. Unser Bewusstsein ist dafür verantwortlich, ob ein Quantenobjekt einen Teilchen- oder Wellencharakter annimmt. Das All ist also Geist, das Universum ist geistig. Es ist nicht der menschliche Geist, eher die Geistigkeit an sich, welche so besonders ist. Das Bewusstsein ist die schöpfende Kraft all deiner Manifestationen, und somit darfst du verstehen, dass du all die Informationen, die in dir gespeichert sind, nach außen trägst. Sie formen sich im Außen, bis du sie mit deinen fünf Sinnen wahrnehmen kannst, weil dein Bewusstsein all die passenden Atome, Neutronen, Protonen und Elektronen zueinander gebracht hat.

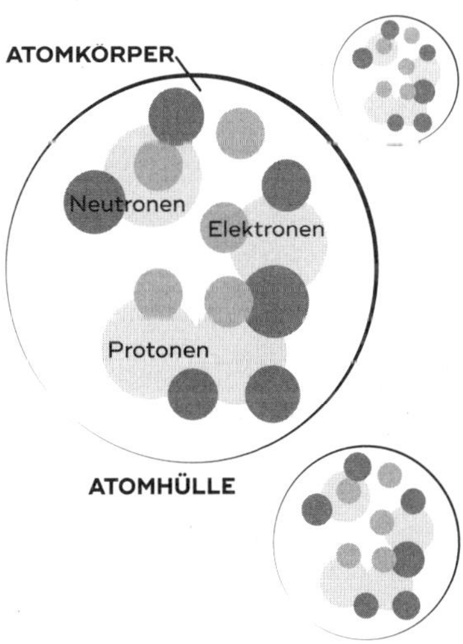

DAS MEER AN MÖGLICHKEITEN:

Diese Leere ist voll mit Informationen, die unsere Teilchen formen. Die Leere ist die „Energie" von der wir Menschen sprechen.

Wir Menschen sorgen durch bestimmte Schwingungen, die wir aussenden (also Gefühle), dafür, dass ein Teilchen Wellencharakter annimmt und sich verformt. Hat es sich so geformt, wie es deine Intention war, nimmt es wieder den Teilchencharakter (fest) an.

= du hast dir eine neue Realität erschaffen.

JOURNALFRAGEN

1. Welche eigenen Verhaltensmuster und Denkweisen hindern dich, deine Ziele zu erreichen?

2. Was erschaffst du dir durch diese Verhaltensmuster und Denkweisen im Außen?

3. Was in deinem Inneren muss sich ändern, damit sich dein Äußeres in den jeweiligen Lebensbereichen ändert?

4. Wie kannst du deine innere Kraft anzapfen, um deine gewünschte Realität zu manifestieren?

5. Was musst du noch lernen, um deine Wünsche zu verwirklichen?

6. Welche Schritte kannst du heute unternehmen, um deine Träume zu verwirklichen?

7. Welche Überzeugungen hast du derzeit noch, die die Verwirklichung deiner Ziele verhindern?

8. Wie kannst du dein Denken so ändern, dass es mit deiner Traumrealität übereinstimmt?

Du entscheidest, wie dein Leben aussieht

Ich hoffe, du verstehst nun noch einmal besser, was ich meine, wenn ich sage, dass du mit deinem Inneren dein Äußeres formst. Wenn du ständig daran denkst, krank zu sein, wirst du irgendwann krank werden. Wenn du ständig Angst davor hast, kein Geld mehr zu haben, werden sich die Umstände in deinem Leben so formen, dass du irgendwann kein Geld mehr hast, weil du selbst jahrelang dafür gesorgt hast. Jeder von euch kennt dieses Szenario: Man verschläft am Morgen und kommt wahrscheinlich zu spät in die Arbeit, aber nur, wenn vor dir ein langsamer Traktor fährt. Fährt er da nicht, wirst du es noch pünktlich schaffen. So denkst du die ganze Zeit daran, dass hoffentlich kein langsamer Traktor vor dir fährt, weil du dich auf keinen Fall verspäten darfst.

Dein Fokus geht einzig und alleine darauf, dass ja kein Traktor vor dir fahren darf und dass du dich auf keinen Fall verspäten darfst, und was passiert am Weg zur Arbeit? Da fährt plötzlich ein Traktor, und er fährt sogar genau da, wo du auf keinen Fall überholen kannst. Er fährt mit einem riesigen Anhänger und hinter ihm hat sich schon eine Kolonne aus anderen wütenden Autofahrern gebildet. Verdammt! Du wolltest ja genau das nicht – oder? Das Problem ist: Dein Fokus war absolut falsch und auf alles Negative, das passieren könnte, gerichtet. Und dadurch hat sich all das in deinem Außen so geformt. Alle Umstände, auf die du dich fokussiert hast, haben sich so bewahrheitet. Und wieder gibst du Gott, dem Universum, Allah oder wem auch immer die Schuld dafür – dabei hast du eigentlich nichts anderes gemacht, als in Windeseile manifestiert. Was du stattdessen hättest machen können? Durchatmen, dein Nervensystem regulieren, indem du dir selbst sagst, dass du sicher und pünktlich in der Arbeit ankommen wirst und dich darauf fokussierst. Wenn du es in dem Moment am Morgen, wo dein ganzes System eigentlich ausrasten würde, schaffst, dein System zu beruhigen, indem du ihm positiv zusprichst und anstatt »Ich darf ja nicht zu spät kommen« so was sagst wie »Ich komme heute pünktlich und sicher in der Arbeit an«, wird auch genau das geschehen. Warum? Weil du mit deinem Inneren dein Äußeres formst. Weil du mit deinem Inneren bestimmst, was im Außen passiert. Dein Universum kennt kein »nicht«. Es kennt kein »Ich darf nicht zu spät kommen«, weil in dem Moment der Fokus auf dem Zuspätkommen liegt und es sich deshalb genauso manifestiert: Es wird erschaffen.

Achte einmal selbst darauf, wie oft du am Tag ein schlechtes, negatives Selbstgespräch führst, indem du dir ständig Sätze sagst wie: »Das darf nicht passieren. Das darf niemals so kommen. Ich hoffe, dass mir das niemals passieren wird …« Genau mit diesen Sätzen ziehst du alle Umstände, die du von dir fernhalten möchtest, auf magische Art und Weise an. Was es braucht, ist hier ebenso wieder die Achtsamkeit für dein Selbstgespräch. Bitte beginn, mit deinem Leben, mit deinen Sätzen und deinen Gefühlen achtsam umzugehen. Wenn du dir beispielsweise unbedingt Geld wünschst und nicht darauf achtest, dass du es auf die höchste und beste Weise wünschst, kann es passieren, dass all die Umstände so fallen, dass du Geld erbst, weil jemand diese wunderschöne Erde verlassen hat. Wir Menschen dürfen viel aufmerksamer werden und verstehen, dass das, was sich in unserem Inneren als Gedanke formt, an das Meer voller Informationen gesendet wird, und genau in dieser Frequenz, in der dein Inneres schwingt, schwingt dein Äußeres mit. Ich möchte dir zum Abschluss noch ein Beispiel geben, mit dem du verstehst, dass alles in deinem Leben möglich ist und es daher wichtig ist, worauf du den Fokus legst: Jeder von uns hat es zu Hause: das gute, alte schwarze Kästchen, das man einschaltet, und plötzlich bekommen wir mit, was am anderen Ende der Welt geschieht, können uns Nachrichten darüber ansehen oder unseren Lieblingsfilm einschalten – den Fernseher. Mit meinem Fernseher kann ich Apps wie Netflix, Spotify und Co öffnen und mir binnen Sekunden Tausende Lieder anhören und Filme bzw. Serien streamen.

Ich wähle mir also die neueste Folge von A Bridgerton Story aus und vergieße dabei ein paar Tränchen, während sich meine Freundin im selben Moment, am anderen Ende der Welt, eine Folge von Reign ansieht. Während ich also meine Serie schaue, ist ihre Serie im selben Zeitpunkt ebenso zur Verfügung. Nur weil ich mich für ein Programm entschieden habe, bedeutet das nicht, dass es die anderen Programme nicht gibt. Nur weil ich mir ein Lied auf Spotify anhöre, heißt das nicht, dass es all die Milliarden anderen Lieder nicht gibt – sie sind zum selben Zeitpunkt verfügbar, und dennoch fokussiere ich mich auf das eine Lied. Und genau so ist es mit deinem Leben. *Alles* in deinem Leben ist möglich. Es ist alles möglich, von dem du glaubst, dass es für dich möglich ist. Das Leben, so wie du es jetzt lebst, ist so, weil du deinen vollen Fokus auf all die Dinge, die sich jetzt in deinem Leben befinden, legst. Dein Leben, so wie du es jetzt lebst, hat sich geformt, weil all das, was sich jetzt in deinem Leben befindet, irgendwann in deinen Gedanken entstanden ist. Irgendwann hast du dir gedacht, dass es schön wäre, den Job, den du jetzt machst, zu machen.

Zack – er ist zu dir gekommen. Irgendwann hast du dir gedacht, dass du gerne umziehen möchtest – zack, die neue Wohnung oder das neue Haus ist zu dir gekommen. Alles, worauf du bisher in deinem Leben deinen Fokus gelegt hast, ist irgendwann zu dir gekommen, wenn du all deine Energie, all deine Gedanken und Gefühle auf es gelegt hast. Und genau das nennt sich Manifestieren. Du hast es erschaffen, weil es aus dir heraus entstanden ist.

*Hier möchte ich kurz anmerken, dass du nichts in deinem Leben für andere manifestieren kannst. Sprich: Wenn jemand aus deiner Familie zum Beispiel sehr negativ denkt, kannst du nicht mit deinen positiven Gedanken in dessen Leben etwas erschaffen. Es ist jeder für sein eigenes Leben verantwortlich, und welche Menschen du in dein Leben ziehst, hat etwas mit deinen Seelenaufgaben zu tun.

JOURNALFRAGEN

1. Was sind deine größten Wünsche?

2. Was braucht es, um sie in dein Leben zu ziehen?

3. Wer musst du werden, damit du das Leben deiner Träume erreichst?

4. Was wird dir dein neues Ich ermöglichen? Was ändert sich?

Wir Menschen schwingen auf einer Frequenz

Hört sich verrückt an, oder? Auch hier wieder ein einfaches Beispiel, anhand dessen du verstehen kannst, wovon ich spreche. Stelle dir ein einfaches Radio vor. Es gibt Tausende Radiosender, und jeder Sender hat eine bestimmte Frequenz, sprich, er schwingt (ertönt) nur, wenn du die passende Frequenz einstellst. Zeitgleich, so wie bei dem Beispiel mit dem Fernseher, gibt es aber auch hier wieder Tausende andere Sender, die auf einer anderen Frequenz schwingen und erst ertönen, wenn du sie einstellst.

Genauso ist es mit uns Menschen. Auch wir Menschen schwingen mit einer bestimmten Frequenz, denn wenn du eines in deinem Leben verstehen darfst, ist es, dass wir alles eins sind. Im Grunde genommen sind wir, wenn wir uns bis ins kleinste Detail auseinandernehmen, alle dasselbe.

Alles auf dieser Welt schwingt. Erinnere dich an das Unterkapitel, in dem ich dir von der Leere zwischen Atomen erzählt habe und dass sich jedes noch so feste Teil im Kern bewegen kann. Es gibt bestimmte Schwingungen, die auf hohen oder niedrigen Frequenzen schwingen. Ich bilde dir hier mal ein Bild von Dr. Hawkins' Vibeskala ab:

In welcher Frequenz schwingst du?

700	Erleuchtung	
600	Friede	
540	Freude	
500	Liebe	
400	Verstand	**Schöpfermodus,**
350	Akzeptanz	**Füllebewusstsein**
310	Bereitwilligkeit	**und Verbindung**
250	Neutralität	
200	Mut	
175	Stolz	
150	Wut	
125	Begehrlichkeit	**Mangelbewusstsein,**
100	Angst	**Überlebensmodus**
75	Kummer	**und Trennung**
50	Apathie	
30	Schuld	
20	Schamgefühl	

Du siehst hier, dass es höhere und niedrigere Schwingungen gibt. In den höheren Schwingungen kommst du in dein Füllebewusstsein, und es wird dir möglich, genau die Fülle, die sich in deinem Inneren befindet, in deinem Außen anzuziehen. Schwingst du aber beispielsweise sehr niedrig und empfindest ständige Schuldgefühl, schämst dich für dich selbst oder Ähnliches, wirst du genau dieselben Schwingungen anziehen, auf denen du ebenso schwingst. Es ist so wichtig, jeden Tag darauf zu achten, wie hoch beziehungsweise wie niedrig du schwingst. Hierbei spielen verschiedenste Faktoren eine Rolle wie zum Beispiel die Musik, die du hörst. Es gibt Musik, zum Beispiel sehr traurige Balladen, die uns traurig macht und die dafür sorgt, dass wir über all das nachdenken, was gerade jetzt nicht gut funktioniert und was uns Sorgen bereitet. Es gibt aber ebenso Songs, die deine Schwingungen erhöhen und die dich Gefühle wie Liebe, Fülle und Freude spüren lassen. Während diesen Songs glaubst du, dass absolut alles für dich möglich ist, und du ziehst förmlich alles an, was auf derselben hohen Schwingung schwingt. Um Manifestieren zu verstehen, darfst du verstehen, dass es wichtig ist, immer mal wieder einen Self-Check-in zu machen und ganz bewusst wahrzunehmen, auf welcher Frequenz du dich gerade bewegst, und, wenn du eher niedrig schwingst, im besten Falle deine Schwingung zu erhöhen.

JOURNALFRAGEN

1. Wo auf der Skala würdest du dich gerade einordnen?

2. Was kannst du für dich tun, das dir Freude bringt, um deine Schwingung zu erhöhen und wieder positiv zu denken?

3. Wann fühlst du dich am meisten wie dein höchstes und bestes Selbst?

TIPPS, WIE DU DEINE FREQUENZ ERHÖHEN KANNST:

1. Visualisiere dein höchstes und bestes Selbst. Wer ist diese Person? Wie lebt sie? Welche Entscheidungen trifft sie? Verkörpere diese Person mit jeder Zelle deines Körpers und triff heute bereits die Entscheidungen, die dein Highest Self auch treffen würde.

2. Mache dir Gedanken darüber, welche Grenzen du ziehen möchtest, und sprich diese aus. Welches Verhalten von dir und anderen möchtest du nicht mehr tolerieren? Halte deine eigenen Versprechen und Grenzen ein.

3. Werde dir bewusst, was genau dich in deinem Leben glücklich macht, und mache regelmäßig genau für diese Dinge Platz in deinem Leben. Räume dir Zeit für dich und die Dinge, die dir wahre Freude bereiten, ein.

4. Übe dich regelmäßig darin, dankbar zu sein. Am besten kaufst du dir ein Dankbarkeitsjournal und schreibst jeden Abend mindestens drei Dinge auf, für die du dankbar bist. Es ist wichtig, den Blick auf das, was du im Hier und Jetzt hast, zu richten.

5. Lass die Dinge los, die nicht zu deinem Highest Self passen. Du weißt für dich bereits intuitiv, was das genau ist.

6. Wenn dir etwas Negatives passiert oder die Dinge nicht so laufen, wie du sie dir wünscht, schenke diesen Dingen keine Energie. Lass es passieren – Veränderung ist ein Gesetz, und eine negative Situation bleibt niemals für immer.

7. Lasse all deine Gefühle und Emotionen zu. Lass sie fließen und schwingen und versuche, nichts zu unterdrücken.

8. Achte darauf, dass dein Selbstgespräch stets positiv ist. Das, was du dir selbst und anderen über dich erzählst, manifestiert sich in deinem Leben. Dein Inneres hört dir immer zu und du verstärkst mit negativen Aussagen über dich selbst deine negativen Glaubenssätze.

Dankbarkeit

Kommen wir zu einem sehr leichten und ebenso wichtigen Thema, das du unbedingt in dein Leben einbauen solltest, wenn du es schaffen möchtest, Positives in dein Leben zu ziehen. Und zwar, die Dankbarkeit. Dankbar zu sein, für alles, was du bereits hast, und alles, was du noch in deinem Leben haben wirst, wird es dir ermöglichen, dein Leben in einem anderen Licht zu sehen. Ich habe dir bereits erzählt, wie wichtig es ist, worauf du deinen Fokus legst, weil du dadurch dein Leben formst.

Wenn du es schaffst, konstant jeden Tag für etwas dankbar zu sein, wirst du deine Träume und Ziele unglaublich schnell manifestieren können. Wenn du immer wieder in das »Wenn – dann«-Prinzip zurückfällst und immer denkst, dass du erst vollkommen und glücklich bist, wenn du irgendetwas Bestimmtes in dein Leben gezogen hast, wird dein Universum immer weiter dafür sorgen, dass diese Dinge von dir fernbleiben, weil du es mit deinen Gedanken immer wieder in die Ferne schiebst. Tiefe Dankbarkeit für das zu verspüren, was sich in deinem Leben befindet, sorgt nicht nur für neue Manifestationen, es sorgt vor allem für inneren Frieden. Wenn du innere, emotionale Freiheit erlangen und deine Wünsche und Träume in dein Leben ziehen möchtest, ist es in allererster Linie wichtig, dankbar zu sein, für alles, was du hast.

Und ich meine nicht so was wie: »Ich bin dankbar für meine Wohnung, aber in einem großen Haus würde es mir besser gehen.« Ich meine damit so etwas wie: »Wow.

Heute morgen bin ich aufgewacht und ich konnte sehen. Ich konnte sehen, wie die Sonne aufgeht, und bin so dankbar dafür, einen neuen Tag erleben zu dürfen. Ich kann beide Füße auf den Boden stellen und laufen, ohne dass ich mich großartig darum bemühen oder mir darüber Gedanken machen muss – was für ein Segen! Ich habe in meinem kuschelig warmen Bett so unglaublich gut geschlafen und meine Decke hat mich die ganze Nacht warm gehalten. Mein Körper hat von selbst geatmet, ohne dass ich darüber nachdenken musste! Ich kann in meine wunderschöne Küche gehen, kann meine Kaffeemaschine einschalten und mir frischen Kaffee binnen Sekunden in meine Schale gießen. Dazu nehme ich mir ein Glas Wasser, für das ich einfach nur den Wasserhahn aufdrehen muss, und es rinnt frisches, klares Trinkwasser heraus, welches dafür sorgt, dass mein Körper hydriert ist. Ich kann meinen Kühlschrank öffnen, ein Gerät, welches einfach so dafür erfunden wurde, meine Lebensmittel frisch und haltbar zu machen, ohne dass ich dafür großartig etwas tun muss! Ich kann mir alles herausnehmen, was mein Herz begehrt, und setze mich mit dem leckersten Frühstück an meinen Tisch, um es zu genießen! Ich bin so dankbar für das Dach über meinem Kopf, so dankbar für mein wunderschönes Zuhause, welches dafür sorgt, dass ich mich immer angekommen fühle. Welches dafür sorgt, dass ich es niemals kalt oder nass haben muss. Ich bin so gesegnet!«

Na? Wie hört sich das für dich an? Genau das ist wahre Dankbarkeit. Für das, was du in deinem Leben hast, bis ins Detail pure Liebe zu empfinden, weil du verstehst, was für ein Privileg es ist, so zu leben wie du! So viele Menschen wollen immer mehr, immer höher, schneller und weiter und das ist grundsätzlich absolut nichts Schlechtes, denn für deine Ziele braucht es dein Feuer und deinen Drive. Dennoch darfst du dich immer wieder erden und dankbar für das sein, was sich bereits alles in deinem Leben befindet. Wir sehen so viele Dinge als selbstverständlich an, sind nicht dankbar dafür, und erst, wenn sich diese Dinge nicht mehr in unserem Leben befinden, weil unser Universum dafür sorgen möchte, dass wir lernen, dankbar zu sein – erst dann merken wir, was wirklich in unserem Leben gezählt hat.

Daher mach wirklich jeden Abend diese Übung für dich und beantworte diese Fragen in deinem Notizbuch:

1. Wofür bin ich heute besonders dankbar?
2. Was habe ich heute Besonderes erlebt?
3. Was hat mich heute wirklich glücklich gemacht?
4. Was habe ich heute in meinem Leben manifestiert?

Die sieben universellen Gesetze

Ich habe dir ja bereits erzählt, dass unser Universum ein Meer voller Möglichkeiten ist. Und darin gibt es bestimmte, sogenannte universelle Gesetze, nach denen es funktioniert. Diese Gesetze entstammen dem Bewusstsein und beeinflussen uns mental wie emotional. Der gesamte Kosmos ist darauf ausgelegt und funktioniert nach diesen Gesetzen. Man nennt sie auch gerne hermetische oder geistige Gesetze. Kosmos ist übrigens griechisch und bedeutet »Ordnung«, und genau darum geht es bei den universellen Gesetzen – sie sind die Ordnung für unser Universum und müssen alle beachtet werden, um unser Traumleben manifestieren zu können.

Ich habe dir bereits vorhin erzählt, dass ich nicht an Schicksal oder Zufall glaube, und dazu komme ich unter anderem, weil es die sieben universellen Gesetze gibt, nach denen der gesamte Kosmos funktioniert. Nichts ist zufällig, weil alles ein Bewusstsein hat. Das hat bereits Hermes Trismegistos gelehrt – seine Lehre wird heute als Hermetik bezeichnet und wurde bereits vor über unglaublichen fünftausend Jahren verewigt! Wenn du die sieben universellen Gesetze nicht kennst, nicht auf sie achtest und nicht nach ihnen lebst, wird dir in deinem Leben immer wieder irgendetwas passieren, was du einfach nicht verstehen kannst, weil du immer noch glaubst, dass dein Leben »einfach so ist«. Du merkst wahrscheinlich bereits, wie tief dieser Glaubenssatz wirklich liegt. Solange du die sieben Gesetze nicht verinnerlichst, wirst du immer im Außen nach deinem Glück suchen und wirst immer dem Außen die Schuld und die Verantwortung für alles in deinem Leben geben.

Wenn du aber beginnst, nach den universellen Gesetzen zu leben, wird sich eine unglaubliche Kraft in deinem Leben entwickeln, weil du verstehen wirst, dass alles, so wie es ist, einem Gesetz entspricht, und du wirst die Zusammenhänge deines Lebens verstehen. Dein Leben wird sich immer leichter und magischer anfühlen, und du wirst merken, dass alles, was in deinem Leben passiert, einem der sieben Gesetze entspricht. Die Hermetik zu lernen, war einer der Schlüssel, die ich in der Persönlichkeitsentwicklung entdeckt habe, um ein glücklicheres Leben zu führen, weil ich verstanden habe, dass alles, so wie es ist, richtig ist und dass ich trotzdem steuern kann, was als Nächstes in meinem Leben passiert.

Gesetz Nummer 1:

Das Gesetz der Geistigkeit besagt, dass alles seinen Ursprung in unserem Geist hat. »Das All ist Geist, das Universum ist geistig.« Es besagt, dass unsere Gedanken unsere Realität erschaffen und dass alles, was existiert, aus einem einzigen Gedanken entstanden ist. Auch dieses Buch, welches du in der Hand hältst, ist in seinem Ursprung aus einem einzigen Gedanken entstanden. Das Gesetz der Geistigkeit zu beachten ist wichtig, weil du ansonsten, wenn du in deinem Leben unzufrieden bist, höchstwahrscheinlich immer zuerst etwas im Außen änderst. Du wechselst deinen Job, machst mehr Sport oder kleidest dich anders. Doch der Ursprung deiner Unzufriedenheit liegt in deinen Gedanken, und deshalb musst du, um in deinem Leben wirklich etwas zu verändern, dein Denken ändern.

Gesetz Nummer 2:

Das Gesetz von Ursache und Wirkung besagt, dass alles, was eine Ursache hat, eine Wirkung nach sich zieht und diese Wirkung wiederum eine neue Ursache auslöst. Alles geschieht gesetzmäßig, weil jede Ursache eine Wirkung und jede Wirkung eine Ursache hat. Dieses Gesetz hat mir gezeigt, dass nichts auf Zufall basiert. Alles, was dir in deinem Leben passiert (Wirkung), kannst du bis zu der Ursache, die diese Wirkung ausgelöst hat, zurückverfolgen, und somit kannst du herausfinden, welche Ursache du ändern musst, um eine andere Wirkung in deinem Leben zu erzielen. Das, was du säst, wirst du ernten. Das, was du säst, entscheidest du selbst.

Gesetz Nummer 3:

Das Gesetz der Entsprechung besagt, so wie oben, so auch unten. So wie unten, so auch oben. So wie innen, so auch außen. So wie außen, so auch innen. Das Gesetz der Entsprechung wird auch gerne das Gesetz der Anziehung genannt und besagt, dass Gleiches immer Gleiches anzieht. Mit deiner Innenwelt erschaffst du das exakt Gleiche in deiner Außenwelt, deine Außenwelt ist der Spiegel deiner Innenwelt. Alles, was dir im Außen begegnet, hat mit deinem Inneren zu tun und sorgt dafür, dass die Weltanschauungen in deinem Inneren nur verstärkt werden. Auch hier merkst du wieder: Um etwas im Außen zu verändern, darfst du zuerst dein Inneres verändern – denn Gleiches zieht Gleiches an.

Gesetz Nummer 4:

Das Gesetz des Rhythmus besagt, dass alles fließt und dass Rhythmus ausgleicht. Alles hat seine Gezeiten. Der Ausschlag des Pendels nach rechts ist das Maß für den Ausschlag nach links. Das Gesetz des Rhythmus weist darauf hin, dass alles seinen Kreislauf hat. Die vier Jahreszeiten, die immer wiederkehren, der weibliche Zyklus, der sich jeden Monat wiederholt, all das basiert auf dem Gesetz des Rhythmus. Nach guten Zeiten kommen manchmal auch schlechte Zeiten, aber nach schlechten Zeiten kommen genauso wieder gute Zeiten. Das Gesetz des Rhythmus macht uns darauf aufmerksam, dass alles in ständiger Bewegung ist, dass nichts stillsteht, dass sich ständig alles verändert und dass es deshalb gar nichts nützt, an etwas festzuhalten. Nichts währt ewig, alles verändert sich ständig.

Gesetz Nummer 5:

Das Gesetz der Schwingung besagt, dass alles in ständiger Bewegung ist. Alles schwingt. Alles, was sich um dich herum befindet, alles, was sich in deinem inneren und deinem äußeren Universum befindet, ist Energie und Vibration, bewegt sich daher ständig und schwingt auf einer bestimmten Frequenz. Diese Frequenz zieht wiederum die gleichen Frequenzen an. Wenn du in einer Frequenz des Mangels schwingst, ziehst du noch mehr Mangel an. Wenn du in einer Frequenz der Fülle schwingst, ziehst du noch mehr Fülle an. Alles verändert sich ständig, alles ist in ständiger Bewegung.

Gesetz Nummer 6:

Das Gesetz der Polarität besagt, dass alles immer zwei Seiten hat. Alles ist zweifach, alles ist polar, alles hat zwei Gegensätze. Gegensätze sind ihrer Natur nach identisch, nur im Grad ihres Ausdrucks verschieden. Jede Geschichte ist deshalb gleichzeitig wahr und nicht wahr. Alles hat zwei Seiten, und diese zwei Seiten sind nicht unterschiedlich, sie sind lediglich zwei Ausdrücke ein und derselben Sache. Sie schwingen nur anders und sind in einer jeweils anderen Frequenz.

Gesetz Nummer 7:

Das Gesetz des Geschlechts besagt: Alles ist in allem. Alles trägt ein männliches und ein weibliches Prinzip in sich. Alles in diesem Universum trägt weibliche und männliche Energieanteile in sich, und damit ist nicht das physische Geschlecht oder die Sexualität eines Menschen gemeint, sondern es bezieht sich auf die jeweiligen Eigenschaften der Geschlechter. So ist zum Beispiel die männliche Energie die schaffende Energie, die Entscheidungen trifft, die Kontrolle übernimmt und ständig fokussiert ist, wobei die weibliche Energie eher der Intuition folgt und Leichtigkeit verspürt. Nur wenn du beide Energien im Einklang lebst (und das tun sehr viele Menschen nicht), kannst du in deine volle Schöpferkraft kommen.

Das sind also die sieben Gesetze des Universums. Auf diesen Gesetzen ist alles, wirklich alles aufgebaut. Du kannst jede einzelne Situation in deinem Leben reflektieren, und du wirst merken, dass alle sieben Gesetze mitspielen. Was dir das Wissen über die sieben universellen Gesetze nun bringt? Es bringt dir Frieden. Wenn du sie wahrhaftig verinnerlichst, wirst du merken, dass du loslassen wirst, jedes Mal nach Erklärungen für alles in deinem Leben zu suchen. Es ist wichtig, dass du nicht immer darauf beharrst, für alles eine Antwort zu bekommen, sondern dass du darauf vertraust, dass dein Universum mit all seinen Gesetzen dafür sorgt, dass alles in deinem Leben so kommt, wie es kommen soll. Viel wichtiger ist, dass du aus jeder Situation und jedem Menschen in deinem Leben etwas lernen kannst. Denn du weißt ja bereits: Genau dafür bist du da!

JOURNALFRAGEN

1. Reflektiere eine Situation, die du einfach nicht loslassen kannst. Welche Rolle spielt jedes einzelne Gesetz in dieser Situation?

2. Was lernst du durch die universellen Gesetze für dich? Was hast du verinnerlicht?

3. Gibt es eine Situation in deinem Leben, die jetzt plötzlich Sinn ergibt?

In deinen Routinen liegt der Schlüssel

Was machst du jeden Tag, bevor du zu Bett gehst? Was ist das Erste, was du denkst, wenn du aufwachst? Was ist das Letzte, das du vor dem Zubettgehen fühlst? Was ist das Erste, was du machst, nachdem du am Morgen deine Augen geöffnet hast? Das alles sind Fragen, die du dir stellen, und Dinge, die du reflektieren musst, wenn du beginnen möchtest, dein Traumleben zu manifestieren, und wenn du möchtest, dass deine Wünsche wahr werden, denn in unseren Routinen liegt meistens der Schlüssel zum Erfolg oder Misserfolg. Ich habe dir ja bereits erzählt, dass unser Gehirn bestimmte Abläufe irgendwann so tief verinnerlicht hat, dass wir nicht mehr darüber nachdenken müssen, was wir zu tun haben. Wie zum Beispiel beim Zähneputzen oder beim Autofahren.

Das alles sind Routinen, die wir jeden Tag mehrmals durchführen und die daher keine besondere Aufmerksamkeit mehr benötigen – deshalb schleichen sich auch gerne genau in diesen Routinen negative Gedanken ein, und man beginnt, sein Leben schlecht zu finden oder in Gedanken schlechter zu machen, als es ist. Man verliert die Dankbarkeit und beginnt wieder über Geschichten der Vergangenheit nachzudenken oder bekommt Ängste vor der Zukunft. Ja – das alles kann während dem Zähneputzen passieren, deshalb ist es essenziell, dass du dir Gedanken darüber machst, welche Routinen in deinem Alltag bereits so festgefahren sind, dass sich genau da deine hindernden Anteile sichtbar und hörbar machen. Als ich in meinem früheren Job noch sechzig, bis siebzig Stunden in der Woche gearbeitet habe, habe ich meine komplette Lebensfreude verloren und auch das wurde zu meiner Routine. Es wurde zu meiner Routine, dass das Letzte, was ich am Abend getan habe, sinnlos in mein Handy zu gaffen war, und dass das Erste, was ich am Morgen gedacht habe, zirka so ausgesehen hat: »Boah! Nicht schon wieder dieser beschissene Wecker. Für was tu ich das alles überhaupt? Um dann in das genervte Gesicht meines Chefs zu schauen oder mich von Kunden anschnauzen lassen zu müssen. Gar keinen Bock! Tja, ich brauche aber das Geld und das Leben ist nun mal einfach scheiß unfair. Hätte ich mal lieber früher mein Handy weggelegt, dann wäre ich jetzt vielleicht ein bisschen wacher. Scheißtag!« Traurig, oder?

Doch genau so eine negative Denkweise wurde zu meiner Routine, und für mich war es irgendwann absolut normal, ständig schlecht gelaunt zu sein und einen »Feierabend-Wein« zu »brauchen«, weil mich mein Leben und alles um mich herum so genervt hat. Und diese Gedanken haben sich während dem Kaffeemachen, während dem Zähneputzen und auf dem Weg zur Arbeit fortgesetzt. In der Arbeit habe ich dann ebenso meine festgefahrenen Routinen gehabt, um nebenher darüber nachzudenken, wie negativ mein Leben doch eigentlich ist. Auf dem Weg nach Hause war ich genervt von dem ganzen Tag und inzwischen auch schon von mir selbst, weil ich mich selbst mit meiner negativen Laune noch mehr runtergezogen habe, dann bin ich nach Hause gekommen, dort ist mir sofort aufgefallen, wenn der Müll voll war oder die Wäsche nicht weggeräumt. Dann habe ich mich auch darüber noch geärgert, hatte aber selbst keine Kraft dazu, irgendetwas von diesen Dinge zu erledigen, und habe mich mit einer Tiefkühlpizza auf die Couch geworfen und mich von Netflix berieseln lassen, während ich gleichzeitig durch Instagram gescrollt habe. Währenddessen haben meine negativen Gedanken immer mehr gekickt, denn natürlich war auch das Fernsehen und auf der Couch gammeln eine festgefahrene Routine. Bis ich irgendwann um 23 Uhr gemerkt habe, dass ich ja nur noch sechs Stunden zu schlafen habe und mich total gestresst noch schnell geduscht und abgeschminkt habe. Leider war Instagram dann aber doch zu interessant und am Ende lag ich jeden Abend bis tief in die Nacht wach und habe voller Neid auf das Leben anderer geblickt, die gerade im Urlaub waren oder ihr Geld online und ortsunabhängig verdient haben. Das, lieber Leser/liebe Leserin, war jahrelang mein Alltag, und ich kann mir gut vorstellen, dass er dem Alltag von dem ein oder anderen von euch sehr, sehr ähnlich sieht. Es wurde zu meiner Routine, nur Negatives für mich zu tun, es wurde zu meiner Routine, gestresst und genervt zu sein, und dadurch, dass das mein Alltag mein Leben war, habe ich nur noch mehr Dinge angezogen, die mich genervt oder gestresst haben.

Als ich begonnen habe, mich mit der Persönlichkeitsentwicklung auseinanderzusetzen, war eines der ersten Dinge, die ich damals gelernt habe, dass es wichtig ist, sich mit seinen tagtäglichen Routinen bis ins kleinste Detail auseinanderzusetzen. Und als ich das getan habe, war ich eigentlich etwas schockiert über mich selbst. Es gab Morgen, da bin ich exakt fünf Minuten vor Abfahrt zur Arbeit aufgewacht, habe meine Zähne geputzt und bin völlig verschlafen zur Arbeit gefahren. Ich muss nicht erwähnen, wie gefährlich das im Winter teilweise war, wenn es dann plötzlich kuschelig warm im Auto wurde und die Müdigkeit noch mehr gekickt hat.

So wie ich mein Leben damals geführt habe, wundert es mich im Nachhinein nicht, dass für mich immer alles zum Scheitern verurteilt war. Es wundert mich nicht, dass ich nur noch pessimistisch war – mir hat ja auch absolut nichts mehr in meinem Leben eine Freude bereitet, weil ich keine positiven Routinen hatte. Mein Leben bestand aus Arbeiten, Essen und Schlafen, wochenends kam das Partymachen und sinnloses Betrinken noch dazu. Als ich also verstanden habe, dass ich so absolut niemals glücklich werden kann, wusste ich, dass sich ordentlich etwas ändern muss. Und hiermit möchte ich dir sagen, dass es nicht nur superwichtig ist, welche Morgen- und Abendroutinen du hast, sondern aus welchen Routinen dein kompletter Alltag besteht. Es ist wichtig, dass du deinem Gehirn Futter gibst, um sich weiterzuentwickeln, es ist wichtig, dass du vor dem Zubettgehen Dankbarkeit übst und deinen Tag reflektierst, es ist wichtig, dass du am Morgen kurz innehältst und in dich immer gleichen, was du für den gesamten Tag brauchst, und es ist vor allem wichtig, dein Handy morgens und abends aus- oder zumindest in den Flugmodus zu schalten. Wenn du dir über dein Handy eine Meditation zum Schlafen anhörst, dann lade sie dir auf dein Handy, damit du kein Internet dafür benötigst. Das, was du am Abend vor dem Zubettgehen machst, bestimmt deine gesamte Schlafqualität und somit natürlich auch den gesamten nächsten Tag. Es macht einen riesigen Unterschied, ob du abends noch zehn Minuten liest und deinem Gehirn nochmals die Chance gibst, sich zu entspannen, oder ob du dir ein TikTok nach dem anderen reinziehst und dein Gehirn somit maßlos überforderst, weil dich das Dopamin, das dabei ausgestoßen wird, nicht schlafen lässt. Wenn wir einschlafen, wechseln wir von dem Wachzustand in den Theta-Zustand. Wenn Ruhe und Entspannung in Schläfrigkeit umschlagen, treten die langsamen, kraftvollen Theta-Wellen auf. Es ist der »Dämmerzustand« zwischen Wachsein und Schlafen und wird oft von unpräzisen, traumartigen mentalen Bildern begleitet. Häufig stehen diese Bilder mit lebhaften Erinnerungen in Zusammenhang, vorzugsweise mit Kindheitserinnerungen. Theta-Wellen öffnen den Zugang zu unbewusstem Material, zu Träumereien, freien Assoziationen, verborgenem Wissen und kreativen Ideen.

Der Theta-Zustand ist einer der wichtigsten Zustände, um wieder zurück zu dir, zu deiner Kindheit, zu allem, was dir Freude macht, zu finden, und diesen Zustand überspringst du, wenn du eigentlich bereits schläfrig bist, aber währenddessen fernsiehst oder am Handy hängst. Du kannst keine Verbindung zu dir und deiner Freude erschaffen, wenn du dich permanent mit Fernsehen oder deinem Handy betäubst. Und wenn du dann am Morgen wach wirst, ist das Erste, zu dem du greifst, dein Handy oder die Zeitung und sofort liest du wieder irgendwelche negativen Schlagzeilen und ziehst dich selbst runter. Ich lese seit Jahren keine Zeitung mehr und schaue unglaublich wenig fern, schon gar keine Nachrichten, weil mich das konstant runtergezogen hat. Man ist ständig im Außen, bekommt die ganze Zeit nur Negatives, was auf der Welt passiert, mit – wie sollte man da im Alltag positiv bleiben? Ich habe irgendwann gemerkt, dass mir das alles nicht mehr dient. Dass mir all meine Routinen, die ich ausgeübt habe, weil das »halt jeder so macht«, einfach nicht helfen. Sie unterstützen mich nicht im Alltag, sie geben mir keine wichtigen Informationen, sie bilden mich nicht weiter – sie machen schlicht und einfach nichts, was für mein Leben positiv wäre. Alles, was solche Routinen tun, ist den Blick auf das Außen zu lenken, uns Angst und Trauer zu bereiten oder uns neidisch auf andere zu machen, weil sie ein aus unserer Sicht besseres Leben führen als wir selbst, weil wir jeden Tag vergessen, dankbar zu sein.

Wir sind durch all diese negativen Routinen in einem konstanten Zustand des Jammerns, des Beklagens und des Aufregens, obwohl wir eigentlich so unglaublich privilegiert sind! Wir haben absolut alles, was sich manch anderer wünschen würde, und trotzdem gibt es Menschen, die dauerhaft unzufrieden sind und in allem das Negative sehen, weil sie nicht dankbar sind für das, was sie bereits in ihrem Leben haben, weil sie sich mit Alkohol und Medien betäuben und so Tag für Tag ihr Leben an ihnen vorbeizieht. Und sie wissen es. Tief im Innersten weiß ein jeder von uns, ob uns das, was wir tagtäglich tun, weiterbringt oder ob es uns hindert, ein glückliches Leben zu führen. Schaue dir also ganz genau dein Leben an und reflektiere und verändere deine Routinen zum Positiven.

JOURNALFRAGEN

1. Was machst du abends vor dem Zubettgehen?

2. Was machst du morgens nach dem Aufwachen?

3. Was denkst du abends, bevor bevor du einschläfst?

4. Was denkst du morgens, wenn du aufwachst?

5. Was dient dir nicht mehr, was darfst du ändern?

6. Wenn du dir deine Routinen ansiehst – wo siehst du dich, wenn du genauso weitermachst, in fünf Jahren?

IDEEN FÜR EINE GESUNDE MORGENROUTINE

- ✦ Höre dir positive Affirmationen an
- ✦ Mach dein Bett!
- ✦ Trinke bewusst ein Glas Wasser
- ✦ Lies 10–15 Minuten in deinem Lieblingsbuch
- ✦ Schreibe in einem Traumtagebuch deine Träume auf
- ✦ Bewege dich 10–15 Minuten
- ✦ Wähle eine neue Route zu deiner Arbeit aus
- ✦ Lasse dein Handy mindestens eine Stunde auf Flugmodus
- ✦ Bereite dir dein Lieblingsfrühstück vor
- ✦ Mache eine Atemübung
- ✦ Schreibe dir eine Affirmation für den Tag auf
- ✦ Dusche eiskalt, um dein gesamtes System zu aktivieren
- ✦ Höre auf dem Weg zur Arbeit ein gutes Hörbuch oder eine tolle Podcastfolge, die dich weiterbringt

IDEEN FÜR EINE GESUNDE ABENDROUTINE

- ✦ Schalte dein Handy mindestens eine Stunde vor dem Zubettgehen in den Flugmodus.
- ✦ Lies 10–15 Minuten in deinem Lieblingsbuch.
- ✦ Nimm eine ausgiebige Dusche
- ✦ Höre eine Meditation
- ✦ Visualisiere deine Zukunftsversion und verbinde dich mit ihr.
- ✦ Schreibe mindestens drei Dinge auf, für die du dankbar bist und was du heute manifestiert hast.

Einfach positiv denken!

Diesen Satz hast du bestimmt schon mindestens einmal in deinem Leben gehört, und ich kann dir nicht sagen, wie sehr mich dieser Satz stört, denn kein Satz ist toxischer als »einfach positiv denken«. Einfach positiv zu denken, nützt einem in keiner einzigen Situation etwas, weil der Mensch nicht dafür gemacht ist, ohne eine logische Erklärung einfach positiv zu denken. Und ich weiß, dass für dich die Persönlichkeitsentwicklung wahrscheinlich irgendwann einmal so ausgesehen hat, als würden all die Menschen, die tagtäglich an sich und ihrem Inneren arbeiten, »einfach positiv denken«. Jedoch ist es in Wirklichkeit so, dass es sehr lange dauert, bis Menschen beginnen, wirklich etwas Positives an den Dingen, die ihnen in ihrem Leben passieren, zu finden und genau darum geht es, wenn man über das positive Denken spricht.

Es geht nicht darum, dass du einfach versuchst, deine Gefühle beiseitezuschieben und sie zu ignorieren, denn jedes Gefühl darf in dir Platz haben. Wir sind hier, um die gesamte Gefühlspalette zu erfahren, und genau deshalb können wir Menschen gar nicht durchgehend einfach positiv denken. Ich weiß, dass die ältere Generation gerne diesen Satz verwendet, wenn es zu einer Situation kommt, in der sie nicht wissen, wie man nun mit den Gefühlen des Gegenübers umgeht, wie sollen sie denn auch? Sie haben ja nicht einmal gelernt, mit ihren eigenen Gefühlen umzugehen. Was ich somit aber immer wieder beobachte ist: Der Satz »Ach, denk doch einfach positiv!« vermittelt demjenigen, der zuvor seine Gefühle geäußert hat, dass diese Gefühle keine Daseinsberechtigung haben. Es ist wichtig, dass du verstehst, dass es auf der Reise zu deinem inneren Universum nicht darum geht, immer einfach positiv zu denken und in diese toxische Positivität zu verfallen, die besagt, dass es immer jemandem schlechter geht als uns und wir deshalb jede Sekunde unseres Lebens lachen müssen.

Nein – es geht darum, dass du beginnst, in jeder Situation deines Lebens alle Seiten zu erkennen. Was läuft gerade schief und wie fühle ich mich dabei? Was ist das Positive an dem, was mir gerade passiert, und wie kann ich daraus etwas lernen?

Es wird immer Menschen geben, die das Glas halb leer sehen, aber das machen sie deshalb, weil es ihr Selbstschutz ist. Es ist ein Selbstschutz, immer alles negativ zu sehen, um möglichen Verletzungen gleich entgegenzustehen und am Ende sagen zu können: »Habe ich eh gewusst!« Menschen, die pessimistisch sind, sind deshalb pessimistisch, weil sie schon viele Verletzungen erlitten haben, und was diese Menschen brauchen, ist nicht eine Unterdrückung ihrer Gefühle, sondern eine andere Sichtweise auf die Dinge, die ihnen geschehen. Wenn du ein Mensch bist, der prinzipiell immer vom Schlechtesten ausgeht, dann reflektiere gerne einmal, was dich dazu gebracht hat, dir diesen Selbstschutz anzueignen.

Denn im Grunde möchten wir alle dasselbe: Wir möchten einfach nicht mehr verletzt werden. Und dadurch hat jeder von uns seinen ganz eigenen Selbstschutz entwickelt. Versuche, nicht einfach nur positiv zu denken und deine Gefühle und Ängste beiseitezuschieben, sondern nimm dir wahrhaftig Zeit, dir Gedanken darüber zu machen, was dich davon ausgehen lässt, dass sowieso alles schlecht wird. Finde dann eine positive Seite der Ereignisse und frage dich, was es Gutes an dem vermeintlich Schlechten gibt. Denn du bewertest, ob etwas gut oder schlecht ist. Du bestimmst, ob das Glas halb voll oder halb leer ist. Suche wirklich nach dem Positiven in deinem Leben. Als kleine Erinnerung: Das schaffst du, indem du dich in Dankbarkeit übst.

JOURNALFRAGEN

1. Was findest du gerade schlecht in deinem Leben? Was ist für dich gerade negativ?

2. Was könnte an dieser Situation Positives sein? Was lehrt dich diese Situation?

It’s the little things

Früher habe ich immer auf den großen Tag gehofft. Den einen Tag, an dem alles gut wird. Den einen Tag, an dem ich mich endlich so fühle, wie ich mich fühlen möchte. Auf den einen Tag, an dem ich weiß und spüre, dass ich geliebt werde, dass ich gebraucht werde und dass ich gut bin, so wie ich bin. Ich habe jeden Tag damit verbracht, auf das große Ganze zu warten. Die große Veränderung, das große Zeichen, das große Geschehnis. Ich habe mich so sehr danach gesehnt, dass ich endlich weiß, dass es da draußen jemanden gibt, an den ich glauben kann, dass es jemanden gibt, der mir alles so in mein Leben bringt, wie ich es haben möchte – und während ich genau darauf gewartet und nach »demjenigen« gesucht habe, habe ich etwas sehr Wesentliches vergessen: nämlich, dass mein Universum immer da ist. Mein Universum ist immer da und beschützt mich. Für dich mag es Gott, Allah oder ein anderer der tausend Götter sein, die es gibt – für mich nenne ich es Universum.

Und dadurch, dass ich immer auf die große Veränderung gewartet habe, habe ich die kleinen Zeichen in meinem Alltag völlig übersehen. Die Zeichen, die dir dein Universum sendet, damit du dich daran erinnerst, wie stark und kraftvoll du bist, dass du immer geliebt und unterstützt wirst, und vor allem, dass du auf dem richtigen Weg bist. Das Herz im Kaffeeschaum, das Centstück am Boden, der freie Parkplatz direkt vor der Haustüre, keine lange Schlange vor deiner Lieblingseisdiele, die Rechnung über 7,77 € – all das sind die kleinen Dinge im Alltag, auf die wir viel mehr achten dürfen und vor allem auch müssen. Wir suchen immer nach großen Dingen, sind in unserer schnelllebigen Welt immer auf höher, schneller, weiter ausgerichtet, sodass wir im Alltag völlig vergessen, für die kleinen Dinge dankbar zu sein.

Ich habe dir bereits erzählt, wie wichtig es ist, jeden Tag dankbar zu sein – aber eben nicht nur für die großen Dinge, sondern vor allem für die kleinen. Dein Universum sendet dir tagtäglich Zeichen, und du darfst deinen Alltag bewusster leben und dich für die Zeichen, die dir dein Universum, dein Gott, deine höhere Macht sendet, öffnen. Das kann zum Beispiel ein Symbol wie ein Herz sein, das plötzlich irgendwo auftaucht, Engelszahlen, die du auf Nummerntafel siehst oder wenn du zufällig auf die Uhr siehst und es ist 11:11.

Das kann der spontane Termin sein, den du zufällig morgen bekommst, weil jemand anderes ihn nicht wahrnehmen kann, oder Zahlenkombinationen, die für dich eine Bedeutung haben. Für meinen Teil passiert es mir im Alltag immer wieder, dass ich Nummerntafeln mit den Zahlen **111,222,333,444,555,666,777,888,999** sehe, mein Universum mir Herzen in verschiedensten Situationen zukommen lässt oder dass mein Geburtsdatum 22.09. irgendwo auftaucht.

Du erkennst diese Zeichen aber nur dann, wenn du beginnst, deinen Alltag bewusst zu leben. Wenn du beginnst, bewusst im Hier und Jetzt zu sein und jede Sekunde deines Tages aufmerksam zu genießen. Was die Engelszahlen bedeuten, schreibe ich dir hier auch gerne nochmals auf:

Die **111** möchte dir sagen, dass du am richtigen Weg bist und dass es jetzt vor allem wichtig ist, auf dein Bauchgefühl und deine Intuition zu hören. Deine Wünsche manifestieren sich schnell, wenn du deinen Fokus richtig auslegst – nämlich dankbar zu sein für das, was du bereits hast.

Die **222** bedeutet so viel wie, dass du zur richtigen Zeit am richtigen Ort bist. Du brauchst dir keine Sorgen machen, weil dein Universum dafür sorgt, dass alles so kommen wird, wie es kommen soll.

Die **333** möchte dich darauf aufmerksam machen, holistisch zu leben – sprich deinem Körper, deinem Geist und deiner Seele das zu geben, was du gerade benötigst. Dein Universum unterstützt dich dabei.

Die **444** bedeutet, dass du beschützt wirst. Dein gesamtes Universum ist da, um dich zu beschützen. Achte jetzt ganz besonders auf deine Gedanken.

Die **555** heißt Veränderung. Du darfst darauf vertrauen, dass diese Veränderung genau das ist, was du benötigst. Sei bereit – denn es wird aufregend!

Die **666** möchte dich darauf aufmerksam machen, einen Schritt zurückzugehen und die Dinge aus der Vogelperspektive zu betrachten und deine Gedanken eventuell neu auszulegen.

Die **777** vermittelt Glück und innere Stärke. Richte deinen Blick gespannt auf die Zukunft und lasse all deine Ängste los. Du hast ein starkes Herz – mach' genau so weiter, wie du es bereits machst!

Die **888** bedeutet finanzielle Unabhängigkeit und Harmonie mit deinem Universum. Deine Gedanken und Handlungen sind ausgeglichen und du bist verbunden mit dem, wonach du dich sehnst.

Die **999** sagt dir, dass du dich für neue Schritte bereit machen darfst. Es ist an der Zeit, eine neue Reise zu beginnen und eine neue Geschichte zu schreiben! Lasse alles los, was dir nicht mehr dient, um endlich fliegen zu können.

Des Weiteren können dir im Alltag auch doppelte Uhrzeiten unterkommen. Vielleicht siehst du zufällig immer wieder um 21:21 auf dein Telefon. Wenn dich näher interessiert, was das zu bedeuten hat, lege ich dir ans Herz, dich mit Numerologie auseinanderzusetzen. In der Numerologie werden die einzelnen Ziffern addiert, in dem Falle also 2+1+2+1 = 6 und die 6 bedeutet zum Beispiel in der Numerologie, dass du eine gute Balance zwischen deinem Universum und deinem Leben auf der Erde hast.

Es macht riesigen Spaß, sich mit diesen »kleinen« Dingen im Alltag auseinanderzusetzen, und es ist wichtig, um regelmäßig in die Dankbarkeit und ins Hier und Jetzt zu kommen. Es hat mir extrem geholfen, aufmerksamer für solche kleinen Hinweise zu werden, weil es mir somit jeden Tag mindestens einmal passiert, dass ich daran erinnert werde, dass ich geliebt und beschützt bin und dass mein Universum mir immer genau das vor Augen führt, was ich brauche.

Weibliche und männliche Energien

Wie du bereits durch die sieben universellen Gesetze weißt, hat alles einen weiblichen und einen männlichen Energieanteil, so auch wir Menschen. Diese Energien auszuleben und auszugleichen ist wichtig, um ein Leben in Balance zu führen. Sind diese beiden Energien unausgeglichen, und das sind sie durch die heutige Lebensrealität zu 80 Prozent der Fälle, kann es sein, dass du unentspannt wirst, dass du keine Verantwortung für dein Leben übernimmst oder dass du völlig unabhängig bist und die »große Liebe«, die du dir so sehr wünschst, nicht anziehst, weil du nicht offen dafür bist. Mit den männlichen und weiblichen Anteilen in uns sind allerdings nicht die Sexualität eines Menschen gemeint, sondern die jeweiligen Energien (Yin & Yang). Dadurch, dass wir in einer Zeit leben, in der die männliche Energie viel präsenter ist und die weibliche Energie kaum geschätzt wird und scheinbar versteckt werden muss, ist heutzutage das Tun viel wichtiger als das Sein.

So ist zum Beispiel das Tun Teil der männlichen Energie und das Sein Teil der weiblichen Energie, jedoch wäre es wichtig, dass du in deinem Leben dafür sorgst, beide Anteile immer wieder zu leben und ihnen Aufmerksamkeit zu schenken. Wenn du zum Beispiel eine sehr unabhängige Frau bist, selbständige Entscheidungen triffst und eigentlich »niemanden brauchst«, kann es sein, dass du genau das ausstrahlst, weil du konstant in deiner männlichen Energie bist. Das kann einen potentiellen Partner, der auch in seiner männlichen Energie ist, abschrecken. So wird es aber für dich wahrscheinlich genauso unattraktiv sein, wenn ein potentieller Partner extrem in seiner weiblichen Energie ist, weil er dich nicht in deine weibliche Energie bringt, und das ist dennoch das, wonach sich Menschen, die in ihrer männlichen Energie sind, sehnen.

Ein einfaches Beispiel aus meinem Familienalltag, um dir die Energien besser verständlich zu machen: Mein Mann wacht am Morgen auf und nimmt sich sein frisch gewaschenes Hemd aus dem Schrank. Er kann es sich einfach nehmen (sein), weil ich dafür gesorgt habe, dass es im Schrank hängt (tun). (Hier würden viele Menschen glauben, dass das Wäschewaschen die »weibliche Energie« ist, jedoch ist es in unserer Gesellschaft nur eine Aufgabe, die häufig von Frauen übernommen wird.

Sie hat aber dadurch, dass man dabei Entscheidungen treffen und etwas tun muss, aber nichts mit der weiblichen Energie an sich zu tun). Mein Mann fährt zu seiner Arbeit und begibt sich dort in seine Führungsposition – er befindet sich also den ganzen Tag über in seiner männlichen Energie. Die männliche Energie trifft Entscheidungen, organisiert Dinge, koordiniert, hat Macht und führt. Aber auch ich übernehme dieselben Aufgaben zu Hause. Ich treffe Entscheidungen, die meine Tochter betreffen, noch dazu bin ich selbständig und leite meine Firma. Auch ich führe den ganzen Tag über jemanden, treffe Entscheidungen (und damit meine ich sogar simple Entscheidungen wie »Was gibt es heute zu Mittag«), koordiniere und organisiere. Früher war es dann so, dass mein Mann abends nach Hause gekommen ist und sich in seine weibliche Energie begeben konnte, in das »Sein«, weil alles erledigt war. Die Wäsche war gemacht, das Essen war gekocht, alles was »zu tun« war, habe ich im Alltag erledigt. Jedoch konnte ich mich nicht einfach in das »Sein« begeben, weil ich noch weitere Entscheidungen für unseren Alltag treffen musste, noch irgendetwas zu organisieren war und ich einfach immer etwas zu tun hatte. Als Frau ist es heutzutage extrem schwierig, in die weibliche Energie des »Seins« zu wechseln, weil wir ständig irgendetwas »zu tun« haben. Und somit wurde ich unausgeglichen, weil ich nie in meine weibliche Energie tauchen konnte. Irgendwann, als ich selbst verstanden habe, dass ich auch den ganzen Tag in meiner männlichen Erschafferkraft bin, habe ich mich mit meinem Mann an einen Tisch gesetzt, ihm von den männlichen und weiblichen Energien erzählt und ihm erklärt, warum mich Fragen wie »was Essen wir heute« so aus der Fassung gebracht haben: Nämlich, weil es wieder eine Entscheidung war, die ich treffen musste – und ich hatte die Schnauze voll vom Entscheidungentreffen. Seitdem sorgen wir beide immer wieder dafür, dass auch ich in meine weibliche Energie wechseln kann und frei bin von Verantwortung, Organisation und Entscheidungen. Es ist unglaublich wichtig für deine Beziehung, dass du und dein/e Partner/in immer wieder eure Energien ausgleicht. Was du hierbei aber auch beachten darfst, ist, dass es gesunde und ungesunde weibliche und männliche Energien gibt. So sind zum Beispiel extreme Machtspielchen und Kontrollsucht ungesunde männliche Energie, während Faulheit und die Tendenz, keine Verantwortung zu übernehmen zur ungesunden weiblichen Energie gehören. Mach' für dich selbst einen Check-in und schaue ganz genau, welche Energien du den Tag über lebst. Danach findest du noch eine Liste, wie du für gesunde weibliche und männliche Energien im Alltag sorgen kannst. Und noch mal als kleiner Reminder: Egal ob Mann oder Frau – du trägst beide Energien in dir!

BEISPIELE, WAS DIE **GESUNDE** WEIBLICHE ENERGIE IST:

- im Flow sein
- Hingabe
- Fürsorge
- Kreativität
- Liebe
- Sicherheit
- Liebe in die Welt bringen
- lebendig
- spielerisch
- magisch
- bewundernd
- ausdrucksstark
- kommunikativ
- magnetisch
- verletzlich
- empfangend
- sexy
- Grenzen setzen

BEISPIELE, WAS DIE **UNGESUNDE** WEIBLICHE ENERGIE IST:

- moody
- Stimmungsschwankungen
- entwickeln
- verletzend
- Drama
- überkommunikativ
- needy
- realitätsfern
- bestrafend
- vorwurfsvoll
- instabil
- wählerisch
- abhängig
- liebesbedürftig

BEISPIELE, WAS DIE **GESUNDE** MÄNNLICHE ENERGIE IST:

- bestimmt
- fokussiert
- rational
- analytisch
- selbstbewusst
- sicher
- geerdet
- Entscheidungen treffen
- Führung übernehmen
- tun

BEISPIELE, WAS DIE **UNGESUNDE** MÄNNLICHE ENERGIE IST:

- penetrant
- Faulheit
- verbissen
- Workaholic
- machtvoll
- erobernd
- verlangend
- Druck
- Ungebundenheit
- kontrollierend
- Ausreden suchend
- Machtsucht
- Aggressivität

Wie du vielleicht bemerkt hast, gibt es einige interessante Beispiele dafür, wie diese Energien im Alltag ausgelebt werden und wann sie gesund oder ungesund sind. Jetzt darfst du dir für dich Gedanken machen, welche dieser Eigenschaften dich im Alltag betreffen, und du darfst dir Gedanken machen, wie du in die jeweilige gesunde Energie, die du weniger lebst, zurückfindest.

WIE DU IN DIE GESUNDE WEIBLICHE ENERGIE KOMMEN KANNST

Im Grunde genommen bringt das Sein dich wieder in die weibliche Energie. Um wieder in die weibliche Energie zurückzufinden, ist es wichtig, Dinge, die du »tun« musst, abzugeben. Es ist wichtig, deinen Partner oder andere Personen um Hilfe zu fragen, damit du nicht ständig alles alleine tun und nicht ständig alle Entscheidungen alleine treffen musst. Hierbei ist es natürlich wichtig, dass du lernst, die Kontrolle abzugeben, denn zu viel Kontrolle, die du nicht loslassen möchtest, aus Angst, die Macht zu verlieren, bedeutet ungesunde männliche Energie, und höchstwahrscheinlich wurde deine weibliche Energie irgendwann verletzt und traumatisiert. Du darfst in die Vergebung kommen und dir selbst und anderen vergeben. Mach hierfür die Übung aus dem Kapitel »Die Macht der Vergebung«. Außerdem kannst du:

- In die Sauna gehen und dir einen Wellnesstag alleine gönnen
- Tanzen und dich frei bewegen
- Du kannst malen, aber nicht nach vorgegebenen Mustern, sondern frei auf einer Leinwand dein inneres zum Ausdruck bringen
- Kristalle auflegen, Karten ziehen – alles, was dich mit deiner Seele und deinem Sein in Verbindung bringt
- Fahre zu deinem Lieblings-Kraftort oder nutze die abendliche Ruhe für einen Spaziergang
- Meditieren
- Yin Yoga machen

JOURNALFRAGEN

FÜR GESUNDE WEIBLICHE ENERGIE

1. Wie denkst du über das Frausein und die Weiblichkeit?

2. Würdest du sagen, du bist in Kontakt mit deiner weiblichen Seite?

3. Welche Gefühle kommen bei dir auf, wenn du an Weiblichkeit denkst?

Wenn du zu sehr in deiner weiblichen Energie gefangen bist, ist es wichtig, die Verantwortung für dein Leben zu übernehmen und in die Umsetzung zu kommen.

WIE DU IN DIE GESUNDE MÄNNLICHE ENERGIE KOMMEN KANNST

- Setze dir Ziele und schreibe dir diese mit einem genauen Action-Plan auf. Mache dir Schritt für Schritt Gedanken, wie du in die Umsetzung kommst und was du tun musst, um dein Ziel zu erreichen.
- Erschaffe etwas. Und damit meine ich nicht, dass du irgendetwas aus Holz bauen musst – du kannst auch einfach ein Essen für deine Liebsten kochen. Auch das bedeutet männliche Energie! (Deshalb lieben wir Frauen, die sehr in ihrer männlichen Energie sind, es, wenn uns jemand bekocht und wir nichts dafür *tun* müssen.)
- Führe gute Diskussionen mit anderen Menschen, erkläre deine Sichtweisen logisch, höre dir die Sichtweisen von anderen an und findet eine gemeinsame Lösung.
- Arbeite fokussiert an deinen Projekten.

Es ist wichtig für deine Seele, dass du beiden Energien Raum gibst, und es ist wichtig für eure Beziehungen, dass dein Partner und du euch immer wieder gegenseitig dabei helft, jeweils in die Energie zu kommen, die gerade weniger präsent ist. Überlegt euch gemeinsame Rituale und Ideen, wie ihr das umsetzen könnt. Als kleines Beispiel für dich aus meinem Alltag: Inzwischen habe ich zweimal die Woche für mich frei, frei von der

Firma, vom Entscheidungen treffen, vom tun – und kann das machen, wonach sich meine Seele wirklich sehnt. Spoiler: Es ist entweder im Dampfbad sitzen und die unglaublich gut duftenden Kräuter inhalieren oder es ist Musik zu machen und beim Chor zu singen. Das ist das, was mich in meine weibliche Energie bringt, und jedes Mal, wenn ich eines dieser Dinge tue, merke ich, wie meine Seele Freudensprünge macht und ich mich völlig ausgeglichen fühle. Ich wünsche dir ganz viel Spaß bei der Umsetzung!

(Zukunfts-)Ängste

Wenn es um die Zukunft geht, um Ziele und Veränderungen, bekommen viele Menschen Angst. Berechtigt, denn Angst entsteht meistens da, wo wir nicht wissen, was passieren wird, wenn ein bestimmtes Ereignis eintritt. Und dadurch, dass wir nicht wissen, was auf uns zukommt, wird wieder eine der steinzeitlichen Schutzmethoden, die wir verinnerlicht haben (du erinnerst dich, kämpfen, flüchten oder totstellen) zum Vorschein kommen. Wir sind sofort darauf eingestellt, dass große Gefahr auf uns wartet und dass wir so oder so eine dieser drei Methoden benötigen werden. Wir sind unsicher, weil wir nicht wissen, was auf uns zu kommt. Doch geht es bei Ängsten meistens gar nicht um die Situation, die auf uns zu kommt, sondern um das Gefühl und die Konsequenzen, die diese Situation mit sich bringt. Wir haben nicht Angst vor dem Erlebnis an sich, wir haben Angst davor, nicht damit umgehen zu können und etwas zu fühlen, was wir bisher vielleicht nie gefühlt haben. Und gleichzeitig steckt hinter dem, was uns die größte Angst macht, meistens das, was wir eigentlich im Leben haben möchten.

Nun wird uns unser Leben lang vermittelt, dass wir unsere Ängste loslassen und vor allem loswerden müssen – doch eigentlich wäre das gar nicht richtig. Unsere Ängste haben nämlich im Grunde eine sehr positive Absicht – sie bewahren uns vor Situationen, die uns verletzen könnten. Unsere Ängste beschützen uns also, und genau deshalb ist es nicht notwendig, unsere Ängste loswerden zu wollen oder sie beiseitezuschieben. Angst ist ein Gefühl und unsere Gefühle wollen gesehen und gehört werden.

Je mehr du versuchst, deine Angst einfach beiseitezuschieben, ohne sie anzuerkennen, wird diese Angst nur noch lauter werden und dich immer weiter daran hindern, vorwärtszukommen, bis du dir dieser Angst überhaupt bewusst wirst. Deine Angst ist ein Teil deines inneren Teams und quasi der Security in dir. Du darfst also diesen Security an die Hand nehmen, mit ihm gemeinsam in Richtung »neues Leben« gehen und ihm zeigen, dass das, was auf ihn wartet, so viel größer ist als das, was er bisher kennt.

Es ist wichtig, deine Ängste zu fühlen und ihnen Aufmerksamkeit zu schenken, und es ist ebenso wichtig, zu verstehen, warum diese Ängste da sind und woran sie dich hindern. Ängste kommen meistens von einem zu geringen Selbstvertrauen, weil wir uns selbst nicht zutrauen, mit unbekannten Situationen umgehen zu können.

Also ist es wichtig, hier den Fokus auf dein Selbstvertrauen zu legen. Sich selbst zu vertrauen, mit dem umgehen zu können, was auf einen zukommt, ist etwas, das wir eigentlich, wenn wir auf diese Erde kommen, in unserer Natur kennen und können. Jedoch vergessen wir dieses sogenannte Urvertrauen durch Glaubenssätze wie »Du kannst niemandem vertrauen« die durch Erlebnisse entstehen, die unser Vertrauen verletzen, uns traumatisieren und prägen. Zu deinem Urvertrauen zurückzufinden, wird dir sehr viele Ängste nehmen. Du bist hier auf diese Welt gekommen, weil du bestimmte Erfahrungen machen möchtest. Jeder von uns kann sich in der Apotheke all die chemischen Stoffe besorgen, aus denen ein Mensch besteht, und doch könnte man daraus niemals einen Menschen bauen, weil die Seele das ist, was jeden Menschen so unglaublich besonders macht. Deine Seele weiß im tiefsten Innersten, dass sie egal, was ihr passiert, keine Angst haben muss, weil sie genau dafür hierhergekommen ist. Angst ist etwas, das uns antrainiert wird, und dadurch, dass wir ja bekanntlich unser Selbstbild (Ego) leben, also das, was man uns über uns erzählt hat, vergessen wir, dass wir nicht das sind, was uns antrainiert wird, sondern dass wir das alles nur erleben, weil unsere Seele das erleben möchte, um daraus zu lernen. Ängste entstehen also aus dem Ego und werden durch das Denken in die Zukunft verstärkt. Ängste haben immer etwas mit dem zu tun, was in deiner Illusion der Zukunft passieren wird. Du kannst vor nichts Angst haben, was du in der Vergangenheit bereits erlebt hast.

Es geht dabei immer um das Denken in die Zukunft, und der erste Schritt, um deinen Ängsten entgegenzuwirken, ist, dass du bewusst in Situationen, in denen du Angst vor etwas empfindest, in das Hier und Jetzt zurückkommst. Ich hatte früher eine riesige Angst vor Schlangen.

Ganz abgesehen davon, dass ich Angst vor Schlangen hatte, weil meine Mama Angst vor Schlangen hat, habe ich immer daran gedacht, dass mir in Zukunft irgendwann einmal eine Schlange begegnet, die mich dann beißen oder erwürgen wird und dass ich dann sterben werde. Als bei einem schönen Spaziergang dann tatsächlich einmal drei Schlangen vor mir lagen, sind *sie* vor *mir* geflüchtet. Das, wovor ich so große Angst hatte, ist im Hier und Jetzt nicht passiert. Diese Angst war nie berechtigt, nie real. Sie wurde nie bestätigt. Wir Menschen übernehmen Ängste (vor allem als Kinder) von unseren Eltern und Liebsten, weil wir ihnen damit etwas Gutes tun möchten. Als Kinder glauben wir, weil wir Mama so sehr lieb haben, müssen wir ihr ihre Angst nehmen, indem wir ebenso diese Angst verspüren. Wir glauben dadurch, dass die Angst der anderen Person weniger wird, was grundsätzlich ein unglaublich schöner Gedanke ist.

Allerdings sind viele Ängste kein Teil von uns, sondern von jemand ganz anderem. So auch Zukunftsängste: Sie sind Teil der Gesellschaft, weil uns von klein auf immer erklärt wird, dass die Zukunft so wichtig ist. Wir werden von Tante und Onkel ständig gefragt, was wir einmal werden wollen, und glauben dadurch, dass wir in dem Moment nichts sind. Also haben wir Angst: Was ist, wenn aus uns nie »etwas« wird? Was ist dann? Und auch das formt wieder unser Selbstbild, also unser Ego, weil *jemand anderes* uns vermittelt, wir seien nichts. Ängste entstehen also durch eine Geschichte in unserem Kopf, die nicht wahr ist, die nicht in der Realität stattfindet, und genau deshalb ist es wichtig, immer wieder in die Realität, also in dein Hier und Jetzt zu kommen. Hole dir deine Macht zurück!

Frage dich bei deinen Ängsten auch, wo sie dir dienen. Finde die positive Absicht hinter deiner Angst. Weißt du, all unsere inneren Anteile haben im Grunde immer eine positive Absicht – so auch die Angst. Wenn du bestimmte Ängste hast und ihnen die Macht über dein Leben gibst – trifft die Angst vielleicht Entscheidungen, die du selbst nicht treffen könntest? Musst du irgendetwas, was du so gar nicht magst, nicht tun, weil du deine Angst als Ausrede hast? Sorgt deine Angst dafür, dass du in dem Moment, in dem du die Angst spürst und dein ganzer Körper darauf reagiert, Aufmerksamkeit bekommst? Es ist wichtig, dass du deine Angst anerkennst und verstehst, wozu diese Angst dir dient. Nur wenn du sie in erster Linie überhaupt einmal annimmst, kannst du im zweiten Schritt deine Angst umkehren. Es ist wichtig, dass du liebevoll auf deine Angst blickst und verstehst, dass sie einen Nutzen für dich hat, und wenn du absolut keinen Nutzen findest, kannst du dich ebenso fragen: Was ist es, was mich so an diese Angst bindet? Eine Geschichte, die ich mir immer wieder erzähle? Etwas, wovor sie mich bewahrt? Werde dir deiner Angst völlig bewusst und sei ehrlich zu dir selbst. Es ist wichtig, dass du die Energie, die in deinem Körper fließt, immer in Bewegung bringst. Angst ist ein Gefühl, und Gefühle sind Energien in deinem Körper. Höre deinem Körper zu und halte an deiner Angst nicht fest, denn sobald du dich an sie klammerst und an ihr festhältst, stoppst du den natürlichen Fluss deiner Energie in deinem Körper.

WAS DU TUN KANNST, WENN DU ÄNGSTE EMPFINDEST:

1. Übe dich darin, in das Hier und Jetzt zu kommen. Dazu kannst du die Atemübung oder die Klopfübung vom Kapitel »Warum dir im Alltag vieles so schwerfällt« durchführen und dabei mit deinen fünf Sinnen wahrnehmen, was gerade um dich herum passiert.

2. Glaube deinem Gehirn (deinem Ego und deinem Angstsystem) die Geschichten, die es dir in Panikmomenten erzählt, nicht. Rufe dich auch hier wieder in die Realität zurück und verstehe, dass du in Sicherheit bist.

3. Versuche nicht, deine Angst wegzuschieben. Lass sie kommen, lass sie da sein, fühle sie als Teil von dir und verstehe, dass du gerade Angst *hast*, aber dass du nicht diese Angst bist.

4. Nimm dir Zeit für dich und schalte bitte sämtliche elektronischen Geräte um dich herum aus. Versuche nicht, dich mit Social Media oder Fernsehen abzulenken, denn genau das ist das, was deine Anteile so gar nicht mögen. Sie möchten gesehen und gehört werden, weil sie dir immer etwas zu sagen haben. Nimm dir Zeit und höre ihnen zu.

JOURNALFRAGEN

1. Wovor hast du Angst?

2. Wie fühlt sich diese Angst an? Wo fühlst du die Angst?

3. Was steckt eigentlich hinter dieser Angst? Vor welchem Gefühl, das eintritt, sollte die Geschichte in deinem Kopf wahr werden, hast du *eigentlich* Angst?

4. Was möchte dir deine Angst sagen? Was ist ihre positive Absicht?

5. Dient dir deine Angst? Hat sie eigentlich einen positiven Effekt, den du vielleicht nicht gerne zugeben möchtest?

6. Was möchte dein Inneres hören? Was braucht es in Angstsituationen?

7. Wie kannst du genau das kreieren?

Das Umfeld deiner Zukunft

Der erfolgreiche Unternehmer und Motivationstrainer Jim Rohn sagte einmal: »Du bist der Durchschnitt der fünf Menschen, mit denen du die meiste Zeit verbringst.« Dieser Spruch ist mir bis heute wirklich tiefgreifend in Erinnerung geblieben. Rückblickend habe ich natürlich immer selbst mein Leben bestimmt, es war aber oft gesteuert durch das Umfeld, das ich hatte.

In meiner Jugend hatte ich zum Beispiel einen Freundeskreis, der sehr viel Party gemacht hat und der geprägt war von Lügen und Intrigen. Natürlich war für mich zum damaligen Zeitpunkt Partymachen und Spaß haben das Wichtigste im Leben. Es war mir egal, wie sich jemand gefühlt hat, es war mir egal, was später einmal sein sollte. Ich habe mich nicht darum gekümmert, weil sich nun mal niemand darum gekümmert hat.

Es war uns zum damaligen Zeitpunkt nicht wichtig und jeder Einzelne von uns hat zu der damaligen Zeit nur dahingelebt und nichts aus seinem Leben gemacht. Menschen, die früher so waren, wie ich es heute bin, habe ich ausgelacht und nicht verstanden. Ich habe nie verstanden, wie man sich weiterentwickeln kann, hatte immer Angst vor einem echten Dialog, vor Menschen, die mehr aus ihrem Leben machen wollten. Heute habe ich ein Umfeld aus Menschen, die sich kontinuierlich weiterentwickeln, eine Familie gegründet haben oder die gleichen Werte wie ich haben, und ich könnte mich nicht aufgehobener fühlen. Du darfst verstehen, dass die Menschen um dich herum, dein Umfeld, großen Einfluss auf dich, deinen Selbstwert, dein Selbstbild und deine Handlungen und Entscheidungen haben. Hast du Menschen um dich, die ständig nur über andere reden, die ständig nur den Blick im Außen haben und die niemals auf sich selbst blicken, wirst du merken, wie du selbst im Alltag auch immer wieder in dieses Ego-Muster der Be- und Verurteilung hineinfällst. Bist du in einem Umfeld aus Menschen, die sich zum Beispiel allesamt selbständig machen, ihr Leben lieben, positiv denken und sich jeden Tag weiterentwickeln, wirst auch du zu einem Menschen werden, der beginnt, sein Leben zu reflektieren. Außerdem ist es wichtig, Menschen in deinem Umfeld zu haben, die dich inspirieren. Eines der großen Dinge, die ich in meinem Leben gelernt habe, ist, dass ich auf niemanden höre, der nicht da ist, wo ich hinmöchte, und genau das darfst du für dich auch verinnerlichen. Konstruktive Kritik wird dich stärker machen, wenn sie von Menschen kommt, die genau da sind, wo du hinmöchtest, und solche Leute solltest du in deinem Umfeld wissen.

Und ich meine damit nicht, dass du deinen gesamten Freundeskreis austauschen musst, wenn die Menschen um dich eher negative Weltanschauungen haben und ihr Leben nicht lebenswert finden. Ich sage auf keinen Fall, dass diese Menschen dann nicht mehr zu dir passen, denn genau das wäre es, was unser Ego tun würde: andere auf Treppchen über oder unter uns zu stellen. Doch wenn du verstehst, dass wir Menschen vielleicht nicht alle gleich sind, aber alle dennoch gleichwertig sind, also alle auf einer Linie stehen, wirst du auch verstehen, dass manche Menschen bereits das Leben leben, das du dir wünschst, und auch umgekehrt bist du für manche Menschen die Person, die sie inspiriert. Und hier möchte ich, dass du einen Blick darauf richtest, wer die Menschen sind, die dir am nächsten stehen, und ob sie dich antreiben oder eher dazu bringen, in alte Muster zu verfallen. Wenn du dein Leben ändern möchtest, ist es nicht nur wichtig, dass du plötzlich positiv denkst und positive Handlungen tätigst, sondern dass du dir vor allem dein Umfeld so anpasst, dass es gar keine Möglichkeit mehr gibt, in alte Muster zu verfallen. Dein Umfeld darf dich anspornen, inspirieren, antreiben und dein Umfeld darf vor allem mit guter Kritik dafür sorgen, dass du dich kontinuierlich verbesserst. Viele Menschen wollen, dass das Umfeld sie lobt und ihnen sagt, was sie alles toll machen, doch das wird dir in deinem Leben nichts nützen.

Bezogen auf die fünf Menschen in deinem Umfeld darfst du verstehen, dass du einen Menschen brauchst, der wie ein Cheerleader agiert. Ein Mensch, der dich anfeuert, der dich unterstützt, der dich hochleben lässt und der feiert, was du tust. Der zweite Mensch, den du brauchst, ist ein Coach. Jemand, der dir hilft, dich immer weiterzuentwickeln, und dir dabei hilft, die beste Version deiner selbst zu werden. Die dritte Person sollte jemand sein, der dich motiviert. Jemand, der dich anspornt, der dich inspiriert – jemand, bei dem du dir ständig denkst »Wie zur Hölle macht die das?« und die du gerne um Rat fragst, weil sie dort ist, wo du hinmöchtest. Die vierte Person darf dein Wohlfühlmensch sein, der Mensch, bei dem du dich sicher und aufgehoben fühlst. Ein Mensch, der dich auffängt, egal was es ist, und jemand, der dich mit all deinen Facetten genauso akzeptiert, wie du bist. Und dann braucht es noch jemand, der dich herausfordert. Vielleicht ist das ein Mensch, der völlig anders denkt als du, und dennoch könnt ihr euch immer austauschen und voneinander lernen. Alles in allem solltest du dich in deinem Umfeld zu deiner höchsten und besten Version entwickeln können. Ein Umfeld, welches dich nicht zurückhält, ein Umfeld, welches dich dazu antreibt, deine höchste und beste Version verkörpern zu wollen. Aber etwas, das du hierbei verstehen darfst, ist, dass niemand kommen und dein Leben für dich leben wird, es wird niemand kommen und dir Geld auf dein Konto überweisen, es wird niemand kommen und dich »retten« – es wird niemand kommen.

Das Einzige, was du tun musst, ist Verantwortung zu übernehmen und zu verstehen, dass das, was dich wirklich in deinem Leben antreibt, du selbst bist. Wenn dich dein Leben nicht antreibt, ist der Schmerz nicht groß genug und die Bequemlichkeit siegt. Ich habe einmal bei einer Instagram-Seite, die sich *womenontop* nennt, einen Spruch gelesen, der im Deutschen so viel besagt wie: »Wenn du immer die ›größere‹ Person für alle in deinem Leben sein musst, solltest du dein Leben vielleicht nicht mit so ›kleinen‹ Menschen verbringen.« Ich finde Wörter wie größer und kleiner nicht sehr passend, dennoch finde ich die Aussage von diesem Spruch sehr, sehr toll. Wenn du immer die Person sein musst, die andere inspiriert, anderen Tipps gibt und anderen weiterhilft, sich aber niemand in deinem Umfeld befindet, der dies für dich ist, darfst du dir Gedanken machen, dein Umfeld etwas zu ändern. Dein Umfeld beeinflusst dich mehr, als du glaubst.

Jeder Mensch in deinem Leben hat eine bestimmte Absicht. Jeder Mensch in deinem Leben ist aus einem bestimmten Grund da und jeder Mensch hat eine Rolle in deinem Leben, die dich zu etwas bewegt. Mache dir Gedanken, welcher Mensch welche Rolle für dich spielt und welche Position du diesem Menschen in deinem Leben gibst.

JOURNALFRAGEN

1. Wer sind die fünf Menschen, die dir am nächsten stehen?

2. Was inspiriert dich an diesen Menschen?

3. Was kannst du von ihnen lernen?

4. Welche Funktion haben diese Menschen?

Lass los, was dir nicht mehr dient, um dich endlich selbst zu lieben

Loslassen. Ein so großes Wort, ein Wort, welches so oft so viel Schmerz bereitet. Ein Wort, welches so simpel und doch so kompliziert ist. Ein Wort, welches großen Einfluss auf unser Leben hat. Ich selbst habe früher an so vielen Dingen, Menschen und Situationen viel zu lange festgehalten, aus dem einfachen Grund, dass ich dachte, ich werde ohne diese Menschen und Situationen nichts mehr sein.

Was ich dir aber mit diesem Buch mitgeben möchte, ist, dass es endlich an der Zeit ist, das loszulassen, was dir nicht mehr dient, um endlich das Leben leben zu können, welches du wahrhaftig in deinem Inneren leben möchtest. Ich weiß, dass es vielen Menschen sehr schwerfällt, Zukunftsideale oder vergangene Geschehnisse loszulassen, weil sie das Gefühl haben, ohne den Blick in die Vergangenheit oder in die Zukunft nichts mehr zu sein. Viele Menschen halten an Dingen und Personen, die ihnen nicht mehr dienen, fest, weil sie nichts anderes in ihrem Leben können.

Ein Neuanfang macht immer Angst und ein Neuanfang ist immer unangenehm. Es ist unangenehm, Menschen und Dinge gehen zu lassen, die einem nicht mehr dienen. Es bringt dich völlig aus deiner Komfortzone und wirft all das, was du kennst, völlig über den Haufen. Doch was du verstehen darfst, ist, dass jedes Ende zugleich ein Neuanfang ist. Alles, was wir gehen lassen, macht Platz für etwas Neues. Dass du dich weiterentwickelst und dein Leben sich ändert, wird nur möglich, wenn du zugleich vieles, was du bisher kennst, loslässt. Und ich weiß, dass das als Seele auf dieser Welt so unglaublich schwer ist, weil du niemals wissen wirst, was danach kommt.

Dennoch nützt es dir einfach nichts, an etwas festzuhalten, das dich nicht glücklich macht. Ständig immer wieder zu versuchen, das Beste aus Dingen herauszuholen, die kein »Bestes« haben, wird dich am Ende des Tages viel Energie kosten und dir keine Freude bereiten, und das ist genau der Grund, der dich am Ende so fühlen lässt, als wäre dein ganzes Leben ein Scherbenmeer. Weißt du, nicht alles in deinem Leben hält das Beste für dich bereit. Nicht alles in deinem Leben kommt und bleibt für immer. Nicht alles in deinem Leben wird zu einer wunderschönen, niemals endenden Story. Als ich damals meinen Freundeskreis endgültig aufgegeben habe, einen Freundeskreis von über fünfzehn Personen, dachte ich kurzzeitig, dass ich sterben würde. Ich habe mir immer nichts sehnlicher gewünscht, als dass wir für immer diese Partynächte miteinander erleben werden, dass wir für immer unsere Campingstühle einpacken und uns zu einer Tankstelle setzen, Musik hören und nicht weiter über das Leben nachdenken. Ich habe mir gewünscht, dass wir für immer diese kleine Familie bleiben, die im Endeffekt nie eine Familie war. Heute weiß ich, dass nur dadurch, dass ich diese Personen und all das, was wir gemeinsam erlebt haben, losgelassen habe, die Menschen in mein Leben gekommen sind, die heute da sind und die mich wahrhaftig so akzeptieren, wie ich bin, und die ich wahrhaftig so akzeptiere, wie sie sind. Ich habe die geilsten Zeiten erlebt und habe mich in liebevoller Dankbarkeit davon gelöst, weil ich wusste: Wenn ich mehr von meinem Leben möchte, ist es an der Zeit, bestimmte Dinge, Handlungen und ja, auch Personen loszulassen.

Also halte nicht an etwas fest, das dir nicht mehr dient. In deinem tiefsten Inneren weißt du eigentlich bereits, was du gehen lassen musst, damit du endlich weiterkommst. Du weißt bereits, was dir nicht mehr dient und was es braucht, damit du das Leben, das du leben möchtest, auch wirklich leben kannst. Und als kleiner Reminder für dich: Erinnerungen, die dich wahrhaftig glücklich gemacht haben, werden immer in deinem Herzen bleiben.

JOURNALFRAGEN

1. Was heißt loslassen für dich?

2. Wie fühlt sich loslassen für dich an, was fühlst du, wenn du losgelassen hast?

3. Was denkst du über das Loslassen?

4. Was möchtest du endlich loslassen?

5. Was hat dich bis heute daran festhalten lassen?

6. Wie wird es sich anfühlen, wenn du losgelassen hast?

7. Was möchte in dein Leben kommen, für das du zuerst Platz machen musst?

8. Welche Beziehungen in deinem Leben behindern deine persönliche Weiterentwicklung?

Hey! Dein Leben wartet

Eine der schönsten Erkenntnisse, die ich in meinem Leben hatte, war, dass ich bin. Ich bin, und ich werde immer sein.

Nichts und niemand kann mir das, was ich bin, das Bewusstsein, welches alles wahrnimmt, wegnehmen. Niemand im Außen erschafft mein Leben, niemand im Außen kann mein Leben ändern, wenn ich die Macht über mein Leben habe. Ich habe so eine unglaubliche Macht, so eine unglaubliche Stärke, und wenn ich ganz bewusst immer in meine Stärke zurückkomme, kann mich niemals etwas erschüttern, denn alles ist und ich bin. Alles ist zu jedem Zeitpunkt, alles ist hier, alles ist zum Greifen nah. Den Blick in meinem Leben auf das zu richten, was ist, hat mir tiefen, inneren Seelenfrieden gebracht. Ich kann die Türe öffnen, kann die frische Luft einatmen, kann auf das Feld hinausgehen, das Gras an meinen Füßen spüren, ich kann sein, weil alles ist.

Ich kann zu jeder Zeit, an jedem Ort dieser Welt sein, wenn ich das möchte. Ich kann heute die Bettina sein, die ihren Old-Money-Style liebt und in ihrem Häuschen in ihrem kleinen Dorf sitzt und ihrer Tochter zeigt, wie schön die Blumen im Garten blühen. Ich kann morgen mit all meinem Zeug im Flieger sitzen und in die weite Welt hinausfliegen, wenn ich das möchte. Weil ich bin und alles ist. Jeder von uns kann heute jemand sein und morgen schon jemand ganz anderes. Du musst das Leben, das du bisher geführt hast, nicht so weiterführen, wenn du es nicht möchtest. Nichts in deinem Leben ist von

Bedeutung, solange du damit nicht glücklich bist. Ich habe verstanden, dass mir die Welt mit all ihren Möglichkeiten zu jeder Sekunde meines Lebens offensteht. Ich komme tagtäglich mit Menschen ins Gespräch, die mir solche Dinge sagen wie »Ja, du bist ja noch jung. Ich bin ja schon älter, da ist das alles nicht mehr so einfach«, und das stimmt einfach nicht. Das Leben ist so einfach, wie wir es uns machen, und es ist absolut altersunabhängig, was du mit deinem Leben tun kannst. Dein Leben, deine Zeit, deine Liebe, deine Gefühle, deine Gedanken zu verschwenden ist das Schlimmste, was du für dich als Mensch tun kannst.

Dein Leben wartet darauf, dass du es endlich lebst! Dein ganzes Wesen möchte wachsen, möchte neue Dinge erleben und sich nicht mehr an den Kleinigkeiten des Alltags aufreiben.

Deine Seele schickt dir tiefe Herzenswünsche und starke Gefühle, weil sie möchte, dass du wach wirst! Dein Universum schickt dir immer wieder dieselben unangenehmen Umstände, weil es möchte, dass du wach wirst! Johann Wolfgang von Goethe hat einmal gesagt: »In dem Augenblick, in dem man sich endgültig einer Aufgabe verschreibt, bewegt sich die Vorsehung auch. Alle möglichen Dinge, die sonst nie geschehen wären, geschehen, um einem zu helfen. Ein ganzer Strom von Ereignissen wird in Gang gesetzt durch die Entscheidung, und er sorgt zu den eigenen Gunsten für zahlreiche unvorhergesehene Zufälle, Begegnungen und materiellen Hilfen, die sich kein Mensch vorher je so erträumt haben könnte. Was immer du kannst oder dir vorstellst, dass du es kannst, beginne es. Kühnheit trägt Genius, Macht und Magie. Beginne jetzt.«

Beginne endlich das Leben zu führen, das du führen möchtest. Es ist so unwichtig, was jemand anderes über dich und dein Leben sagt, denn dieser Mensch lebt dein Leben nicht. Es soll für dich lebenswert sein, es soll DIR Freude bereiten, was auch immer das sein mag. Da draußen wartet ein Leben auf dich, welches nicht mehr verschwendet werden möchte. Erschaffe es endlich aus tiefster Seele und verstehe, dass du die Schöpferkraft deines Lebens bist.

Epilog

Du bist ein unglaublich besonderer Mensch. Du weißt in deinem tiefsten Innersten, was dich in deinem Leben glücklich macht und was du loslassen darfst, um wachsen zu können. Bitte versprich mir, aber am allerwichtigsten dir selbst, dass du all das, was du in diesem Buch gelesen und gelernt hast, verinnerlichst und in deinem Alltag immer wieder aufleben lässt. Ich wünsche mir für dich, dass du dein tiefstes innerstes Glück findest, und ich möchte dich hiermit noch einmal erinnern, dass du dieses Glück einzig und alleine in dir selbst finden wirst. Nichts im Außen wird dir in deinem Leben so viel geben wie du selbst, wenn du beginnst, dich in deinem Leben zu priorisieren.

Habe den Mut, die Dinge in deinem Leben zu tun, die du aus tiefstem Herzen tun möchtest. Habe Mut, die Dinge zu sagen und deine Wahrheit auszusprechen. Habe Vertrauen in dich und dein Universum, dass alles immer zu deinem Besten geschieht, und beginne, die Dinge immer von all ihren Seiten zu betrachten. Lass andere Menschen so sein, wie sie sind, lass los, was dich runterzieht, und feiere deine Einzigartigkeit und die paar Stunden, die du hier auf dieser Erde hast, bis ins letzte Detail. Sammle so viele Erfahrungen wie möglich und vergiss niemals: Was für dich möglich ist, was für dich wirklich ist und was deine Realität ist, entscheidest einzig und alleine du selbst.

Du hast die Macht über dein Leben, du hast die Macht über deine Gedanken, und du, nur du, trägst die Verantwortung dafür, das Beste aus dir und deinem Leben zu machen. Lebe dein inneres Universum mit allem, was es zu bieten hat, aus und vergiss niemals:

Es ist dein Geburtsrecht, glücklich zu sein. Es ist dein Geburtsrecht, du selbst zu sein. Es ist dein Geburtsrecht, wahre Fülle in jeder deiner Zellen zu spüren.

Deine Betty.

Danksagung

Danke in allererster Linie an meinen Mann Fabio. Du unterstützt mich in jeder Sekunde, machst bei jeder Idee mit, bist mein Anker für Zeiten, in denen ich nicht weiß, wohin mit mir und bist mein größter Supporter. Ohne dich und deine Unterstützung wäre all das niemals möglich.

Danke an Emilia, meine Tochter. Du bist meine Inspiration, der Grund, warum ich all das tue, was ich tue. Du bist mein Spiegel und mein Antrieb. Danke, dass du dir mich als deine Mama ausgesucht hast.

Danke an Mona Wiegand, meine erste Mentorin und eine der Personen, die mein wahres Ich zum Strahlen gebracht hat. Du hast mich in jeder Sekunde meiner Selbständigkeit unterstützt und bestärkt, ich bin dir für immer dankbar dafür.

Danke an meine Familie und meine Freunde, die mich so sein lassen, wie ich bin, und immer hinter mir stehen. Die mir immer den Rücken freihalten und mich bestärken, egal ob sie verstehen, welche verrückten Ideen ich tagtäglich habe oder nicht.

Und zu guter Letzt natürlich danke an DICH! Du wunderschöne Seele. Ohne meine Community, die alles feiert, was ich mache, wäre ich niemals so weit gekommen. Ich schätze jeden Einzelnen von euch aus tiefstem Herzen.

Liebe*r Leser*in,

wir hoffen sehr, dir hat das Buch gefallen, und würden uns freuen, wenn du eine Rezension bei deinem liebsten Onlinehändler schreibst.

Hast du Fragen, Wünsche oder Anregungen?
Dann schreibe gerne an:
yuna@penguinrandomhouse.de.

Viele Grüße
YUNA

Impressum

3. Auflage
Originalausgabe

Covergestaltung: Jürgen Kiermeier, YUNA, unter Verwendung eines Motivs von AdobeStock: Diana
Redaktion: Joscha Faralisch
Bildnachweis: AdobeStock: MicroOne
Layout/Satz: Jürgen Kiermeier, YUNA
Druck und Bindung: CPI books GmbH, Leck
Printed in the EU

MIX
Papier | Fördert gute Waldnutzung
FSC® C083411

Penguin Random House Verlagsgruppe ®NOO1967
ISBN 978-3-517-30340-6

Alle in diesem Buch veröffentlichten Aussagen und Ratschläge wurden von der Autorin und vom Verlag sorgfältig erwogen und geprüft. Eine Garantie kann jedoch nicht übernommen werden, ebenso ist die Haftung der Autorin bzw. des Verlags und seiner Beauftragten für Personen-, Sach- und Vermögensschäden ausgeschlossen.

Wir haben uns bemüht, alle Rechteinhaber ausfindig zu machen, verlagsüblich zu nennen und zu honorieren. Sollte uns dies im Einzelfall aufgrund der schlechten Quellenlage leider nicht möglich gewesen sein, werden wir begründete Ansprüche selbstverständlich erfüllen.